UNIVERSITÉ DE GRENOBLE — FACULTÉ DE DROIT

DES RESTRICTIONS

AU

PRIVILÈGE DU BAILLEUR

EN FAVEUR

DU COMMERCE ET DE L'AGRICULTURE

(Lois des 12 février 1872 et 19 février 1889)

THÈSE POUR LE DOCTORAT

L'acte public sur les matières ci-dessus
sera soutenu le 17 juin 1899

PAR

Louis MONIER

Avocat
Lauréat de la Faculté de Droit.

GRENOBLE

IMPRIMERIE ALLIER FRÈRES

26, Cours Saint-André, 26

—

1899

THÈSE

POUR LE DOCTORAT

UNIVERSITÉ DE GRENOBLE — FACULTÉ DE DROIT

MM. Tartari ❀, doyen, professeur de Droit civil.

Gueymard ❀, doyen honoraire, professeur de Droit commercial.

Testoud ❀, professeur de Droit civil, *en congé.*

Guétat, professeur de Législation criminelle.

Fournier, professeur de Droit romain.

Beaudouin, professeur de Droit romain.

Balleydier, professeur de Droit civil.

Michoud, professeur de Droit administratif.

Beudant, professeur de Droit constitutionnel.

Capitant, professeur de Procédure civile, chargé d'un cours de Droit civil.

Hitier, professeur adjoint.

Cuche, agrégé, chargé de cours.

Geouffre de Lapradelle, agrégé, chargé de cours.

Reboud, chargé de cours.

Royon, secrétaire.

JURY DE LA THÈSE.

Président : M. Capitant, professeur.

Suffragants { MM. Tartari, doyen.
Hitier, professeur adjoint.

UNIVERSITÉ DE GRENOBLE — FACULTÉ DE DROIT

DES RESTRICTIONS

AU

PRIVILÈGE DU BAILLEUR

EN FAVEUR

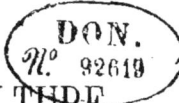

DU COMMERCE ET DE L'AGRICULTURE

(Lois des 12 février 1872 et 19 février 1889)

———+>+<+———

THÈSE POUR LE DOCTORAT

L'acte public sur les matières ci-dessus
sera soutenu le 17 juin 1899

PAR

Louis MONIER

Avocat
Lauréat de la Faculté de Droit.

————≈≈≈≈≈————

GRENOBLE

IMPRIMERIE ALLIER FRÈRES

26, Cours Saint-André, 26

———

1899

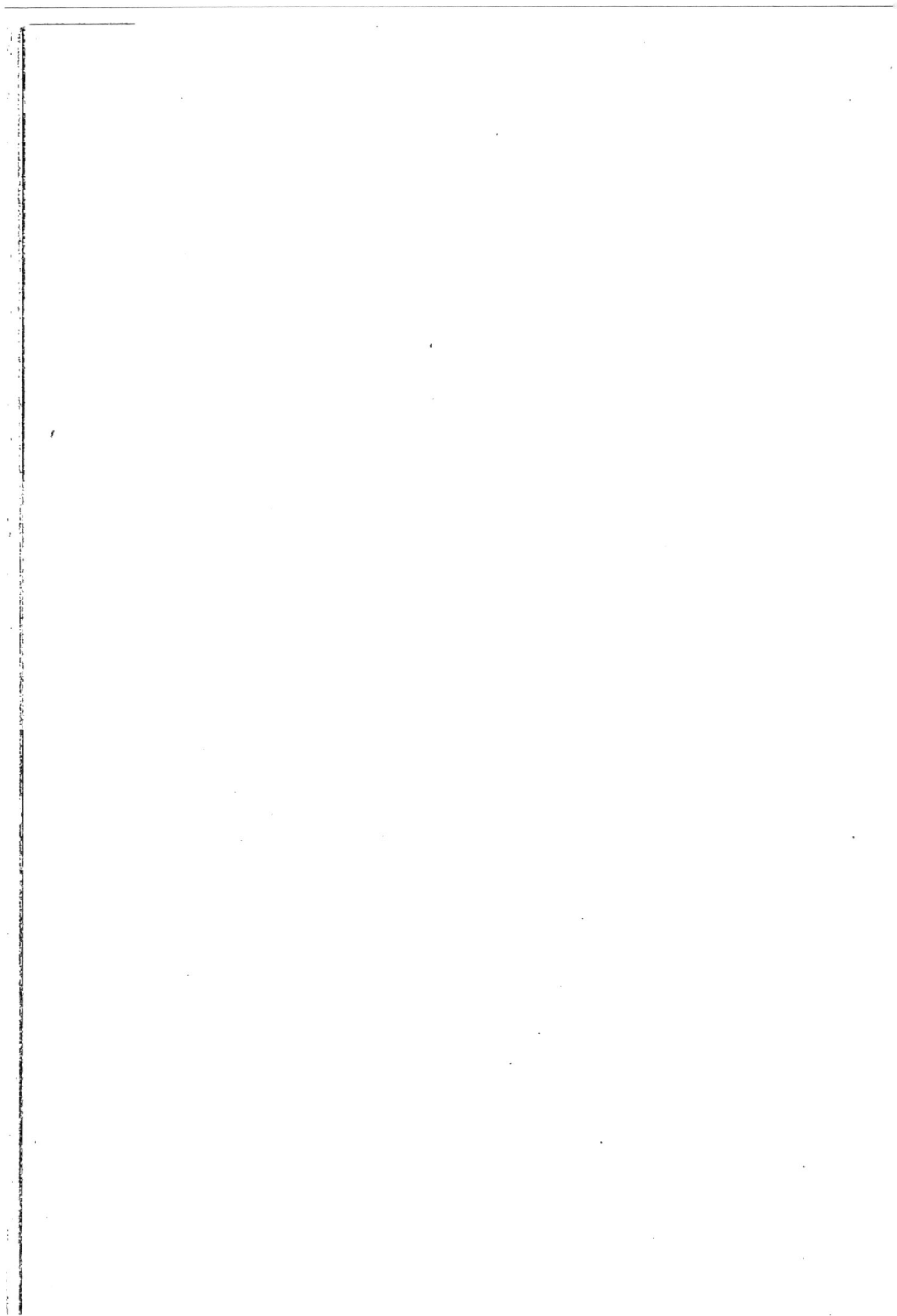

A mon Grand-Père

A mes Parents

A mes Amis

INDEX BIBLIOGRAPHIQUE

TRAITÉS GÉNÉRAUX

AUBRY ET RAU. — Cours de droit civil français, 4me édit., t. III.

BAUDRY-LACANTINERIE ET DE LOYNES. — Traité théorique et pratique de droit civil. Du nantissement, des privilèges et des hypothèques, t. I.

BOISTEL. — Cours de droit commercial, 4me édit.

BRAVARD-VEYRIÈRES ET DEMANGEAT. — Traité de droit commercial, t. V

COLMET DE SANTERRE. — Cours analytique de Code civil par Demante, continué depuis l'art. 980, t. IX.

DEMOLOMBE. — Cours de Code Napoléon, t. XXV.

GUILLOUARD. — Traité du contrat de louage. — Traité des privilèges et hypothèques, t. I.

LAURENT. — Principes de droit civil français, 2me édit., t. XXIX.

LAURIN. — Cours élémentaire de droit commercial. Paris, 1883.

LYON-CAEN ET RENAULT. — Précis de droit commercial, t. II. Paris, 1885.

MARTOU. — Des privilèges et hypothèques, t. II. Paris, 1863.

PONT. — Commentaire-Traité des privilèges et hypothèques, 1859, t. I.

RENOUARD. — Traité des faillites et banqueroutes, t. II. Paris, 1842.

THALLER. — Traité élémentaire de droit commercial, 1898.

THÉZARD. — Du nantissement, des privilèges et hypothèques, 1880.

TROPLONG. — Traité du contrat de louage, t. I.

VALETTE. — Traité des privilèges et hypothèques, 1846.

TRAITÉS SPÉCIAUX ET PUBLICATIONS

ALAUZET. — Note. Revue du Notariat, 1861, n° 83, p. 288. Loi du 12 février 1872, modifiant le privilège du propriétaire en cas de faillite du locataire (Revue du Notariat, 1872, t. XIII).

BERTIN. — Articles dans le journal *le Droit*, des 14, 16 et 17 décembre 1861 et 12 mai 1865.

BULLETIN DE STATISTIQUE ET DE LÉGISLATION COMPARÉE, 1890.

CAUWÈS. — Cours d'économie politique, 3me édit.

COMPTE RENDU DE LA JUSTICE CIVILE ET COMMERCIALE, 1869 et 1896.

COULON. — Commentaire de la loi portant modification à la législation des faillites du 4 mars 1889 (Lois nouvelles, 1re partie, 1889).

DESJARDINS. — Des droits du locateur en cas de faillite du locataire (Revue critique de législation et de jurisprudence, 1886, t. XXIX).

DURAND. — Le Crédit agricole en France et à l'étranger. Paris, 1891.

ÉCONOMISTE FRANÇAIS, 1880.

ESCORBIAC. — De la restriction du privilège du bailleur d'un fonds rural (Lois nouvelles, 1re partie, 1889).

FOVILLE (DE). — La France économique. Paris, 1887.
Enquête sur les conditions de l'habitation en France. Paris, 1894.

GRENON. — Privilège du bailleur d'un fonds rural. Caen, thèse, 1897.

JOSSEAU. — Traité du Crédit foncier, 2me édit. Paris, 1872.

LECOUTEUX. — Cours d'économie rurale. Paris, 1889.

LOYNES (DE). — Note. Dalloz, 1895.2.17.

LYON-CAEN. — Note. Sirey, 1895.1.209.

MALAPERT. — Du privilège du propriétaire en face de la faillite du locataire (Journal des Économistes, 1871).

MONNY DE MORNAY. — Rapport sur l'enquête agricole de 1866. Paris, 1868.

MOREAU. — Note. Sirey, 1865.1.201.

MOURLON. — Note. Dalloz, 1865.1.201.

RIVET. — Rapports du droit et de la législation avec l'économie politique. Paris, 1864.

THALLER. — A propos du privilège du bailleur dans la faillite (Annales de Droit commercial, 1896).

THIERCELIN. — Note. Dalloz, 1862.2.1.
    Du caractère de l'obligation du locataire en matière de louage d'immeubles et du droit du locateur en cas de faillite (Revue critique de législation et de jurisprudence, 1867, t. XXX).

THOUILLON. — Le Crédit agricole, thèse. Paris, 1893.

INTRODUCTION

Il n'est peut-être pas d'institution juridique plus assujettie au progrès de la civilisation et au développement économique d'un pays que le contrat de louage. Qu'il ait pour objet un immeuble servant à l'habitation ou un fonds produisant des fruits, le louage a eu son importance dans toutes les sociétés civilisées.

A Rome, où le peuple était éminemment agriculteur, c'est le bail des biens ruraux qui domine à l'origine. Le bail des maisons n'apparaît que lorsque, enrichi par la conquête, le Romain abandonne la charrue aux esclaves et, plus tard, aux colons.

En France, au contraire, apparaît d'abord le bail d'habitation. C'est en effet dans les villes que naquit l'indépendance. Tandis que, dans les campagnes, le serf cultive la terre du seigneur, dans les cités, le bourgeois plus émancipé devient propriétaire et loue sa maison.

Le bail à ferme ne se développe qu'au xii° siècle. Il est fréquent à l'époque des coutumes.

Aujourd'hui, ces deux sortes de louages ont une importance égale et très considérable. Les progrès du commerce et de l'industrie ont donné une nouvelle impulsion au louage des immeubles urbains. Sans vouloir parler du louage de services, qui fait vivre tant d'ouvriers occupés par l'industrie manufacturière, combien d'industriels ou de commerçants sont simplement locataires des magasins, usines, entrepôts et autres locaux nécessaires à l'exercice de leur profession !

Quant aux terres, elles sont pour les trois septièmes cultivées par des fermiers.

Mais la statistique nous renseignera mieux que personne sur l'importance du contrat de louage dans la société moderne.

Occupons-nous d'abord du fermage. En 1886, on trouve en France 3,522,000 individus travaillant à la fois comme propriétaires, métayers et journaliers, et 5,032,000 fermiers, métayers ou colons[1].

Si on se place au point de vue des exploitations, un tableau, qui date de 1873, montre que sur 3,977,784 exploitations rurales françaises, 831,943 sont affermées et occupent une étendue de 11,959,354 hectares sur 33,337,454[2].

D'après M. Cauwès[3], en 1882, sur 5,420,000 exploitations rurales, 4,320,000 (près de 80 %) sont aux mains des propriétaires. Mais si on considère l'étendue des exploitations, la prépondérance du faire-valoir direct est moindre : 19,400,000 hectares contre 8,950,000 sont affermés, et 4,540,000 sont en métairie.

---

[1] Lecouteux, *Cours d'Économie rurale*, I, p. 130. Paris, 1889.

[2] De Foville, *La France économique*, p. 80. Paris, 1887.

[3] Cauwès, *Cours d'Économie politique*, 1, n° 316. Paris, 3me édition.

Passons aux baux de maisons, établissements industriels et autres constructions. La grande enquête que la Direction générale des Contributions directes a commencée en août 1887 et qu'elle a terminée en 1889, donne les résultats suivants[1] :

On a trouvé en France 9,051,542 constructions passibles de la contribution foncière, se décomposant ainsi :

Catégories de Constructions.	Valeur locative.
Maisons.......... 8.914.523	2.597.686.446
Établissements in-dustriels....... 137.019	212.725.689

Voici le nombre comparatif des maisons louées et de celles que les propriétaires occupent eux-mêmes :

Catégories de Maisons.	Nombre.	Proportions.
Maisons vacantes en totalité.......	612.251	6,8 %
Maisons où il n'y a que des locataires	2.841.917	39,9 %
Maisons habitées à la fois par le propriétaire et par des locataires.	446.167	5,0 %
Maisons habitées par le propriétaire seul...................	5.014.188	56,3 %
Nombre total que le propriétaire habite...................	5.460.523	61,3 %
Total général....	8.914.523	100," %

[1] *Bulletin de Statistique et de Législation comparée.* Rapport de M. Boutin, 1890, t. XXVIII, pp. 71-72.

Quant aux établissements industriels :

85.636 sont exploités par le propriétaire seul ;

34.145 — — — un ou plusieurs locataires ;

·3.209 — — à la fois par le propriétaire et par un ou plusieurs locataires [1].

Si cette vue d'ensemble montre qu'en France la majorité des agriculteurs et des commerçants exploitent eux-mêmes leurs terres ou leurs magasins et usines, plutôt que de les donner à bail, s'il est manifeste que la majorité des familles sont logées chez elles, surtout à la campagne [2], il n'en demeure pas moins vrai que le louage tient encore une très grande place, tant au point de vue agricole et commercial qu'au point de vue du logement.

Le rôle considérable que le contrat de louage a joué et doit jouer dans toute société civilisée devait préoccuper le législateur. Les intérêts que ce contrat met en jeu — celui du bailleur qui abandonne, moyennant une redevance, la jouissance de son immeuble, celui du preneur qui a besoin de se loger, de se nourrir, enfin celui de la société qui vit des produits du commerce, de l'industrie et de l'agriculture — ont fait, dans toute législation, l'objet d'une réglementation

---

[1] Toutes ces évaluations sont en majeure partie basées sur les actes de location et de vente enregistrés par l'Administration de l'Enregistrement, qui a relevé, de 1877 à 1886, 3,355,372 actes de location distincts (extraits de baux ou déclarations). Rapport de M. Boutin.

[2] De Foville, *Enquête sur les conditions de l'habitation en France,* introduction, p. 44. Paris, 1894.

approfondie. La garantie qu'il convient de donner au bailleur, en vue de lui assurer le paiement des loyers et fermages, a surtout attiré l'attention des jurisconsultes.

A Rome, le locateur d'immeubles n'avait à l'origine d'autre sûreté que celle qui résultait de la convention. Le préteur crée ensuite à son profit une hypothèque tacite sur les fruits et les récoltes, s'il s'agit d'un fonds rural, et sur les objets introduits dans l'immeuble, s'il s'agit d'un fonds urbain (Loi 4. Dig., L. XX, t. II).

L'ancien droit accepte cette garantie, mais il lui fait subir deux modifications : il transforme cette hypothèque en privilège ; il supprime toute distinction entre le bailleur d'un fonds rural et le bailleur d'un fonds urbain (coutume de Paris, art. 161 ; coutume d'Orléans, art. 108 ; Pothier, *Traité du Louage*, n° 251)[1].

Le Code civil maintient cette transformation. L'article 2102,1°, donne au bailleur un privilège spécial sur certains meubles de son locataire ou fermier.

Les progrès scientifiques et économiques qui se sont réalisés depuis 1804, notamment le développement du commerce, de l'industrie et de l'agriculture, ont, à leur tour, nécessité une réforme de la législation. Deux lois, l'une du 12 février 1872, l'autre du 19 février 1889, sont venues rompre l'unité de la règle que le Code civil avait édictée dans l'art. 2102,

---

[1] Tartari, *Cours professé à la Faculté de droit de Grenoble en 1896.*

en restreignant au profit du locataire failli et du fermier en déconfiture, et par suite, au profit de leurs créanciers, le privilège que le législateur de 1804 avait conféré d'une manière uniforme à tous les bailleurs.

Ce sont ces restrictions apportées à la garantie du bailleur dans l'intérêt du commerce, de l'industrie et de l'agriculture que nous nous proposons d'étudier.

Dans une première partie, nous examinerons les causes qui ont motivé ces restrictions, leur utilité, leur principe, en un mot ; puis, nous présenterons un commentaire des lois des 12 février 1872 et 19 février 1889 : ce sera l'objet de la deuxième partie ; enfin, nous terminerons par un examen critique de ces deux lois : nous nous demanderons notamment si elles ont donné complète satisfaction aux intéressés, et si une nouvelle réforme ne serait pas utile.

PREMIÈRE PARTIE

PRINCIPE DE LA RESTRICTION
SES CAUSES — SON UTILITÉ

––––––––

CHAPITRE PREMIER

OBJET, FONDEMENT ET ÉTENDUE DU PRIVILÈGE
DU BAILLEUR
D'APRÈS LE CODE CIVIL
CRITIQUE — BUT DES RESTRICTIONS

––––––––

D'après le Code civil, le bailleur d'un immeuble a privilège, pour le paiement de ses loyers et fermages et de quelques autres créances accessoires, sur le prix de tous les meubles qui garnissent les lieux loués. Si l'immeuble est une ferme, le privilège frappe, en outre, les fruits de la récolte de l'année et tout ce qui sert à l'exploitation.

Quant à l'étendue de la créance privilégiée, l'article 2102 fait une distinction : si le bail est authentique ou s'il a date certaine, le privilège garantit le paiement de tous les loyers ou fermages échus et à échoir, et les dommages-intérêts dus au bailleur pour inexécution du bail. Lorsque, au contraire, le bail n'a pas date certaine, le privilège ne garantit plus que les loyers ou fermages échus, ceux de l'année courante et ceux de l'année qui la suit, outre les dommages-intérêts pour inexécution du bail.

Ce privilège repose sur une double base. En tant qu'il porte sur le mobilier garnissant la maison louée ou la ferme, il a pour fondement une constitution tacite de gage. La loi considère le bailleur comme un créancier gagiste. Il y a entre le locateur et le preneur l'existence d'une convention tacite, en vertu de laquelle les meubles apportés dans les lieux loués sont affectés à titre de gage au bailleur pour assurer le paiement des loyers et fermages. En tant qu'il porte sur les fruits de la récolte de l'année, le privilège est fondé sur cette idée que le bailleur, en livrant sa terre au fermier, met une plus-value dans le patrimoine de ce dernier, sous la réserve d'un droit réel sur ces fruits pour garantir le paiement des fermages.

Comme on le voit, le bailleur fait crédit au mobilier de son locataire. C'est un crédit sur gage, un crédit réel, en un mot ; et sa garantie est d'autant plus solide que la loi oblige le preneur à garnir les lieux loués de meubles suffisants sous peine d'expulsion (art. 1752, C. civ.). La loi ne considère en aucune façon les qualités personnelles du locataire. Elles peuvent entrer en ligne de compte dans le choix du locateur, elles peuvent peser sur sa détermination et le décider à prendre de préférence pour locataire celui qui présente le plus d'honorabilité, d'aptitude au travail, etc. ; mais le législateur a pensé que le moyen le plus sûr de garantir sa créance était de lui donner un droit réel sur les objets mêmes qui entraient dans son immeuble.

C'était, apparemment, la solution la meilleure et la plus équitable. Le crédit personnel, s'il a ses avantages, a aussi ses inconvénients. Voici, par exemple, un commerçant qui est réputé pour la prospérité de ses affaires. Survient un krach contre lequel il ne peut lutter malgré ses avances. Il tombe en faillite. Si son bailleur n'avait eu à compter que sur sa solvabilité personnelle, il aurait été exposé bien souvent à n'être payé de ses loyers qu'en monnaie de faillite. Dans ces conditions, combien de propriétaires auraient consenti à louer leurs immeubles? Un droit réel frappant les meubles du preneur était donc la meilleure sûreté du bailleur.

D'autre part, le logement étant une des premières nécessités de la vie moderne et les intérêts économiques de la société exigeant que les terres ne restent pas improductives, il importe de faciliter les locations et le fermage. C'est là précisément la seconde fonction de la garantie accordée au bailleur. Elle n'assure pas seulement au locateur le paiement du prix de la jouissance cédée, elle favorise le contrat de louage. Elle rend le propriétaire plus accommodant; il cédera d'autant plus volontiers son immeuble à ceux qui cherchent un logement ou à ceux qui veulent pourvoir, en cultivant le sol affermé, à l'entretien d'une famille, qu'il est plus certain d'être payé.

Ainsi donc semblent conciliés dans une assez juste mesure les intérêts des deux parties au contrat de louage. Moyennant un prix garanti par un droit réel sur les meubles que le preneur apporte dans les lieux loués, le bailleur lui cède la jouissance de son immeuble. Cette garantie est accordée de plein droit par la loi. C'est un privilège, c'est-à-dire une sûreté basée sur la qualité de la créance du bailleur.

Mais si juste que paraisse le fondement que l'on attribue à la protection de cette créance, si favorable qu'il puisse être au développement du contrat de louage, il faut bien reconnaître pourtant que le Code civil a fait encore la part du bailleur trop belle, en conférant à sa garantie une étendue aussi considérable.

Uniquement préoccupé de la qualité de sa créance, qui ne consiste, en somme, que dans un abandon de jouissance, le législateur a surtout pensé à sauvegarder les droits du propriétaire. La protection du preneur n'est venue qu'en seconde ligne.

On ne peut vraiment trouver d'autre raison de cette préférence que le respect sacro-saint que le législateur a toujours manifesté à l'égard de la propriété, et aussi les précédents historiques dont il s'est inspiré. Peut-être, en cette matière, eût-il mieux fait d'y déroger et de se conformer, dans une certaine mesure, à l'esprit nouveau, aux aspirations nouvelles.

« Historiquement, en effet, dit M. Thaller, on le « sait pour avoir étudié la loi romaine, les proprié-« taires ont stipulé que les meubles de leur locataire « leur fussent affectés en garantie. C'est cette stipu-« lation qui a fini par être sous-entendue. Elle est « encore à la base du contrat de louage...

«... En tout cas, ce gage est devenu, en droit mo-« derne, un gage vraiment exorbitant. Très facile à « justifier au temps où l'on admettait l'hypothèque

« sur meubles, il déroge aujourd'hui aux principes
« du nantissement. Il n'y a de gage qu'à la condition
« d'un déplacement de possession. Il faut que le débi-
« teur se dessaisisse des meubles... au profit du
« créancier ou d'un tiers convenu : c'est une prescrip-
« tion de publicité très rigoureuse. Le locataire se
« dessaisit-il? Apparemment non. Le propriétaire en-
« tre-t-il en possession ? Pas davantage. Dire qu'il
« possède par l'entremise de l'immeuble qui est à lui,
« c'est une fiction; c'est plutôt une inexactitude. La
« théorie du gage manque donc de base [1]. »

« D'un autre côté, dit encore le même auteur [2], il y
« a un fait qu'on ne doit pas perdre de vue. Si res-
« pectable que soit la créance du bailleur, il court un
« risque bien moindre que les autres. Son risque, en
« tout cas, ne porte que sur le prix de la *jouissance*
« de l'immeuble qu'il a donné à bail. L'immeuble lui
« reviendra toujours. Ce n'est pas du tout le cas d'un
« prêteur d'argent qui expose son *capital.* » Ce n'est
pas non plus, peut-on ajouter, le cas des fournisseurs
qui, en livrant au preneur les marchandises ou l'outillage qui servent à garnir le fonds de commerce ou
à exploiter la ferme, se dépouillent également d'une
partie de leur *capital.*

La créance résultant d'une cession de jouissance
méritait-elle une aussi grande protection ? N'y avait-
il pas à tenir compte, dans l'organisation de cette protection, d'autres intérêts non moins légitimes ? En un

---

[1] *Annales de droit commercial,* 1896. A propos du privilège du
bailleur dans la faillite, Thaller, pp. 293 et 294.
[2] *Ibid.,* p. 291.

mot, ne fallait-il pas aussi sauvegarder les droits des autres créanciers du preneur ? Il y a là évidemment un défaut d'harmonie qui a échappé aux rédacteurs du Code civil.

Cette inégalité qui pouvait encore passer inaperçue lors de la promulgation du Code, est devenue de plus en plus choquante au fur et à mesure des progrès du commerce et de l'agriculture. Aussi y a t-il eu toute une catégorie de preneurs, les commerçants et les fermiers, qui ont protesté contre l'étendue de ce privilège dont l'exercice, en paralysant leur crédit, constituait une trop lourde entrave aux fonctions commerciales et agricoles. Ils ont demandé, non pas la suppression de ce privilège, mais sa restriction. Le législateur a fait droit à leurs réclamations en votant les lois du 12 février 1872 et du 19 février 1889. La première restreint le privilège du bailleur en cas de faillite du locataire commerçant ; la seconde édicte une disposition analogue en ce qui concerne le bailleur d'un fonds rural. Nous donnerons dans notre deuxième partie un aperçu historique de ces deux lois.

Les raisons qui ont motivé cette double infraction à l'unité de la règle posée par l'art. 2102 sont d'ordre économique, c'est-à-dire touchant à l'intérêt général. Elles devaient, à ce titre, attirer l'attention du législateur.

C'est, en effet, le devoir du législateur de remanier la législation toutes les fois que l'intérêt général l'exige, et de la mettre en rapport avec les nouveaux besoins économiques du pays, l'intérêt privé dût-il en souffrir. « Ce qui doit dominer plus que jamais aujourd'hui dans la loi, dit M. Rivet, c'est le sacrifice en bien des points de l'utilité particulière au profit de l'utilité sociale ; c'est la gêne et la restriction de certains droits privés, en vue d'assurer le crédit général ; ce sont les servitudes nouvelles imposées à la propriété au nom de la prospérité publique et d'une production plus étendue. Comment le légiste aura-t-il le moyen d'apprécier ces restrictions s'il ne suit point dans ses méditations les nécessités de ce mouvement progressif de la société [1] ? »

Les auteurs des lois de 1872 et de 1889 se sont conformés à ce précepte. Nous allons voir, en effet, qu'il ne s'agit pas seulement de protéger l'intérêt privé des locataires commerçants ou agriculteurs. Il y a à côté un intérêt plus général. La réforme intéresse aussi et surtout le commerce et l'agriculture. Ces deux facteurs de la richesse ont leurs exigences : la principale est le crédit. Le crédit est l'âme du commerce, a-t-on dit. La nécessité de ce crédit ne se fait pas moins vivement sentir pour l'agriculture. A raison de ses perfectionnements, de ses progrès constants, et aussi à cause des difficultés suscitées par la crise qu'elle subit, l'agriculture demande de plus en plus l'emploi de capitaux abondants. La production agricole tend, à ce point de vue, à se rapprocher de la production industrielle.

Mais comment le locataire commerçant ou le fermier trouveront-ils ces capitaux, si les marchandises ou les fournitures nécessaires à l'exploitation de la ferme sont exclusivement destinées à couvrir la

---

[1] F. Rivet, *Rapports du droit et de la législation avec l'Économie politique*. Paris, Guillaumin, 1864, pp. 17 et 18.

créance du propriétaire ? Les capitalistes et les fournisseurs n'hésiteront-ils pas à faire des avances, si
l'exercice du privilège du bailleur doit en empêcher
le recouvrement ? L'intérêt du locateur, bien que
digne d'un certain respect, devait donc fléchir devant
cet intérêt d'un caractère plus général, puisqu'il touche
à la richesse publique.

Il y avait encore une cause à sauvegarder : celle
de la masse des créanciers en cas de faillite du locataire commerçant. Malgré le privilège qui grève les
marchandises, dès qu'elles entrent dans son magasin,
le commerçant a pu se les procurer à crédit, grâce à
la confiance dont il jouit, grâce au bon ordre et à la
prospérité de ses affaires. Mais, par suite de circonstances malheureuses, de fausses spéculations ou d'insuffisance de débouchés, par exemple, il est obligé
tout à coup de déposer son bilan. Les marchandises,
qui forment ordinairement la presque totalité de
l'actif, sont vendues. Sur le prix, le bailleur se fait
colloquer pour le montant intégral de ses loyers. Il
est entièrement désintéressé, tandis que les autres
créanciers, ceux-là mêmes qui ont vendu les marchandises, subissent la loi du dividende. En un mot,
le bailleur se tranche la part du lion. Est-ce juste ?

Il y avait donc là encore une collectivité à protéger,
la collectivité des créanciers de la faillite, et certes,
elle n'était pas la moins méritante.

Aussi l'organisation de cette protection n'a-t-elle
pas été une des moindres considérations qui ont pesé
sur l'esprit du législateur. Elle a même été, comme
nous le verrons plus tard, l'occasion de la réforme,
puisque c'est surtout en vue d'assurer un meilleur

sort à la masse dans la faillite du locataire commerçant, que la loi de 1872 a été votée.

Nous allons maintenant étudier de plus près les
raisons qui ont provoqué les restrictions apportées au
privilège par les lois de 1872 et de 1889. Nous montrerons pourquoi la réforme s'imposait, d'abord lorsque le locataire était commerçant, puis, lorsqu'il
s'agissait d'un fermier.

CHAPITRE II

RESTRICTION DU PRIVILÈGE EN FAVEUR DU COMMERCE

Le commerçant a besoin de crédit; sans crédit, point de commerce possible. Nous avons montré comment la société était intéressée à l'existence de ce crédit qui fait vivre le commerce, et qui, par suite, contribue à la richesse publique. Nous avons vu, en un mot, comment l'intérêt du commerçant concordait avec celui de la société. Nous savons enfin combien la situation des créanciers dans la faillite du locataire commerçant était précaire et demandait à être améliorée.

C'est à ce double résultat que tend précisément la réduction du privilège: cette restriction, lorsqu'il s'agit d'un locataire commerçant, a surtout pour but:

1° De favoriser son crédit;
2° De protéger ses créanciers en cas de faillite.

SECTION I. — Crédit du locataire commerçant.

De très graves circonstances de fait, impossibles à prévoir en 1804, et qui se sont produites au cours de ce siècle, sont venues mettre en relief le besoin de réduire le privilège du bailleur dans l'intérêt du crédit du preneur commerçant. Elles se rattachent toutes au développement prodigieux du commerce et de l'industrie.

Les voies et moyens de transport et de communication, soit terrestres, soit maritimes, sont complètement transformés : c'est l'œuvre de la vapeur et de l'électricité. Le télégraphe et le téléphone permettent de traiter une affaire en quelques minutes. L'outillage industriel se perfectionne de plus en plus ; la production croît en raison de ce perfectionnement, et, le luxe aidant, la consommation progresse aussi et se met en rapport avec la production. Ce qui caractérise donc le commerce de nos jours, c'est la rapidité et le nombre infini des transactions. Le commerçant soucieux de la prospérité de ses affaires doit tenir compte de ces tendances nouvelles du commerce, au fur et à mesure qu'elles se manifestent. Il doit pouvoir suffire aux besoins journaliers et toujours croissants de la consommation, consommation qui devient elle-même de plus en plus exigeante par suite des progrès du luxe et du confortable. En un mot, il faut contenter le client. Pour cela, il faut que ses magasins soient suffisamment approvisionnés ; s'il n'a pas sous la main la marchandise demandée, il doit se la procurer dans le plus bref délai. Mais la quantité de ces avances, la rapidité de ces achats ne supposent-elles pas chez le commerçant l'existence d'un crédit plus considérable ?

Le commerçant doit, d'autre part, s'installer dans des locaux spacieux, luxueux, bien exposés. Il faut attirer l'œil du passant. Il ne faut pas qu'on prenne

son magasin pour une mauvaise boutique. La bonne
tenue, la belle situation de ce magasin suffisent à lui
donner une réputation de maison sérieuse et de confiance. Pour le consommateur, la marchandise doit y
être de meilleure qualité que dans tel autre magasin
d'aspect plus modeste et moins engageant. « L'ensei-
gne fait la chalandise », a dit Lafontaine. Ce proverbe
est plus vrai que jamais. La riche apparence d'un
magasin n'est pas aujourd'hui ce qui contribue le
moins à sa renommée. Il ne faut pas, non plus, changer trop souvent de place : la clientèle, habituée à
fréquenter le magasin de telle rue, rompt difficilement
avec ses habitudes. De là, la nécessité pour le commerçant de contracter des baux chers et longs.

L'industriel est astreint aux mêmes exigences. S'il
ne veut pas se laisser écraser par la concurrence, il doit
se munir d'un outillage capable de livrer à la consommation, dans le même temps et avec le même
prix de revient, des produits de qualité au moins
égale à celle des produits fabriqués par l'usine voisine.
La plupart de ces usines ou fabriques occupent des
locaux immenses. Leur disposition ne se prête pas,
d'autre part, à un changement de destination facile.
Telle usine est affectée à telle industrie ; elle a été
construite, puis louée en vue de cette industrie ; elle
ne saurait convenir à un autre genre d'exploitation
sans qu'on ne procède à une nouvelle installation
toujours coûteuse, souvent ruineuse. Une usine à
raffiner le sucre, par exemple, restera toujours une
raffinerie. Celui qui l'exploite, propriétaire ou locataire, pourra changer ; la destination de l'immeuble
demeurera. Or, il est bien rare que l'industriel qui

trouve dans l'exploitation de son usine la source d'une
fortune, abandonne cette usine, pourvue de tout le
matériel nécessaire, pour aller se livrer dans une
autre à la même industrie. Il s'attache, au contraire,
à cette usine qui le fait vivre et l'enrichit. Il y apporte
les augmentations et les améliorations que comporte
le progrès industriel. Pour arriver à ce résultat, il
passe de longs baux avec le propriétaire. Il prolonge
leur durée, si elle est insuffisante. Puis il transmet
cette usine à un successeur qui continue lui-même,
avec le même soin, à la transformer, à l'améliorer,
afin de pourvoir aux exigences nouvelles de la consommation. Comme celui du commerçant, le crédit
de l'industriel subit donc, lui aussi, l'influence de
l'augmentation et de la longueur des baux.

Reprenons ces considérations et voyons comment
elles influent sur le crédit du locataire commerçant.

La variété infinie et la rapidité caractéristique des
opérations commerciales ne sont pas une des moindres
circonstances qui aient contribué à développer chez
le commerçant un besoin de crédit de plus en plus
croissant. Aujourd'hui, le commerçant est appelé à
conclure des marchés à une très grande distance et
dans un laps de temps très bref. Il est, le plus souvent, inconnu de son correspondant, vendeur ou
fournisseur. Or celui-ci s'enquiert, avant tout, de la
solvabilité de son acheteur ; il ne livrera ses marchandises qu'autant qu'il sera sûr d'être remboursé de
leur prix. En un mot, il ne traitera avec lui que si
son crédit personnel lui offre des garanties suffisantes,
grâce à la réputation de sa maison et à la bonne
gestion de son négoce. Mais cette réputation que le

commerçant s'est faite, il la doit précisément à la rapidité, à la ponctualité avec laquelle il remplit ses obligations. C'est cette rapidité, cette ponctualité qui sont à la fois la cause de sa réputation et la source de son crédit. Et le besoin de ce crédit est d'autant plus grand qu'il brasse dans un plus bref délai un nombre plus considérable d'affaires.

Or, qu'arrive-t-il si les fournitures sont uniquement destinées à couvrir le bailleur? Le correspondant exige le paiement comptant (mais alors le crédit de l'acheteur disparaît), sinon il refuse de livrer, sachant bien que sa créance est fort compromise en présence de celle du bailleur. C'est ainsi que le privilège du locateur porte une atteinte considérable au crédit du preneur commerçant, et si le crédit personnel de ce dernier n'est pas suffisamment assis, l'existence du privilège a pour effet de l'anéantir complètement.

Le locataire aurait peut-être un moyen de parer à ce danger. Ce serait d'obtenir du propriétaire, dès l'entrée en jouissance, au moyen d'une convention, la réduction de son privilège. Mais en supposant que le bailleur y consentît, ce qui est fort improbable, la difficulté ne serait pas encore complètement tranchée. Comment les tiers, en effet, connaîtraient-ils l'existence de cette convention? Et s'ils sont obligés de faire des démarches pour s'en assurer, n'est-ce pas là encore un obstacle à la rapidité des transactions et au bon fonctionnement du commerce? C'était au législateur à faire ce que l'égoïsme d'un particulier aurait toujours refusé.

De l'obligation où se trouve le commerçant actuel d'installer ses magasins dans des locaux vastes et somptueux, nous avons conclu à l'augmentation des loyers. Or, on peut poser en principe que le crédit du locataire commerçant est en raison inverse du montant de la dette des loyers. Plus la dette des loyers est élevée, soit à cause de la cherté des baux, soit à raison de leur durée, plus elle met obstacle à la confiance que le locataire doit inspirer à ses créanciers.

Et d'abord, le crédit du commerçant subit une atteinte d'autant plus grande que les loyers sont plus chers. Le prix des loyers n'est plus de nos jours ce qu'il était au commencement du siècle. Cette augmentation des loyers s'explique facilement. C'est d'abord la transformation de la propriété bâtie. Les bicoques disparaissent : à leur place s'élèvent d'élégantes constructions, de véritables palais. C'est le percement de nouvelles rues, de larges avenues, la création de places spacieuses. C'est le besoin du luxe, du confortable. C'est, enfin, le perfectionnement du matériel destiné à la production, matériel qui exige des installations grandioses, des usines immenses.

La valeur locative des maisons, usines ou autres établissements industriels atteint un chiffre énorme. Voici les résultats qui nous sont fournis par l'enquête faite par l'administration des contributions directes, en 1899, sur l'évaluation de la propriété bâtie en France [1].

Les 3,288,084 maisons qui sont occupées par des locataires seuls, ou à la fois par le propriétaire et des locataires, soit les 5,11 du nombre total des maisons

---

[1] Rapport de M. Boutin. *Bulletin de Statistique et de Législation comparée*, 1890, t. XXVIII, pp. 71 et suivantes.

habitées, représentent une valeur locative de plus d'un milliard [1].

La valeur locative des 37,354 usines exploitées par des locataires seuls, ou à la fois par le propriétaire et des locataires, soit à peu près le quart des usines françaises, dépasse 53 millions [2].

Il est vrai que ces chiffres ne portent que sur un ensemble. Mais il faut bien nous en contenter, puisqu'aucun document n'a publié de renseignements relatifs à des catégories de baux déterminés, notamment aux baux de magasins, entrepôts et autres locaux à destination commerciale.

Notons pourtant une chose : le chiffre des locations élevées augmente en proportion de l'importance des agglomérations. Or, c'est précisément dans les grandes villes que se concentre le mouvement commercial et industriel. Le nombre et l'importance des magasins y sont comparativement plus considérables que dans les petites villes où l'on ne trouve que le petit négoce, la petite industrie [3].

Aussi n'est-il pas téméraire d'affirmer que cette augmentation de la valeur locative provient en grande partie de ce qu'un plus grand nombre d'immeubles sont occupés par des commerçants ou des industriels, et aussi de ce que les locaux affectés au commerce et

---

[1] Plus exactement : 1.180.721.110 francs.

[2] Plus exactement : 53.181.422 francs.

[3] Voyez dans le *Bulletin de Statistique et de Législation comparée*, 1890, t. XXVIII, pp. 194 et 195, le tableau détaillé qui montre, par catégorie de communes, l'importance des diverses espèces de constructions considérées au point de vue de leur valeur locative.

à l'industrie sont eux-mêmes plus vastes et plus luxueux. Il en résulte que, sur le montant total des loyers, ce sont encore les commerçants et les industriels qui en paient la part la plus grosse et la plus chère.

Cette augmentation des loyers nuit donc au crédit commercial en l'affaiblissant. La créance du bailleur se dresse toujours, menaçante. Elle est énorme et elle a la priorité. Elle étreint tant et si bien le crédit du commerçant qu'elle écarte le fournisseur prudent et paralyse toute transaction.

Enfin, ce qui contribue à enfler cette créance outre mesure, et par conséquent à affaiblir le crédit du locataire, c'est la durée des baux.

Si l'on consulte les registres de l'Enregistrement, surtout dans les grandes villes, on voit que la durée des baux commerciaux varie entre 12 et 20 ans, et atteint même quelquefois 30 ans. C'est une durée relativement longue comparée à celle des baux d'habitation qui ne dépasse jamais 9 ans. De telle sorte que si on considère à la fois le prix déjà très élevé des locations et la durée du bail, la créance du bailleur atteint un chiffre exorbitant. Supposons, par exemple, un bail de 20 années, au prix de 100,000 francs par an ; la totalité des loyers à échoir représente 2,000,000. La perspective d'un pareil passif est-elle bien faite pour inspirer de la confiance aux fournisseurs du négociant ? Mais, objecte-t-on, pourquoi les baux commerciaux ou industriels sont-ils plus longs que les baux civils ? Le commerçant ne pourrait-il pas contracter un bail d'une durée moindre, sauf à le renouveler à son expiration ?

Nous avons déjà justifié la longueur des baux en

matière commerciale et industrielle. L'achalandage
ne se crée pas du jour au lendemain. Il faut que l'établissement fasse ses preuves. Si l'établissement existe
déjà, il faut que son nouveau directeur ait le temps
de s'attacher ou de conserver la clientèle de son prédécesseur. Et ce lui sera d'autant plus facile que le
consommateur considère moins la personne du commerçant que son établissement même. Ce n'est donc
pas l'intérêt du commerçant, qui voit son magasin
prospérer dans telle rue, de le transporter dans une
autre. Il risquerait fort de perdre au change.

En second lieu, il est rare que le propriétaire d'un
immeuble où s'exploite un fonds de commerce consente à conclure un bail d'une courte durée. Il expo-
serait, en effet, son immeuble à un chômage trop
fréquent si, à l'expiration du bail, chacun de ses
locataires successifs ne pouvait ou ne voulait renouveler.

Admettons qu'il consente à louer : que fera-t-il ?
En prévision du chômage possible de son immeuble
et de la difficulté de trouver un nouveau locataire, il
augmentera tout simplement les loyers. Cette augmentation sera pour lui la compensation des risques qu'il
encourt en adhérant à un bail trop bref. Il ne perd
toujours rien, mais c'est le preneur qui en subit les
conséquences.

A tous les points de vue donc, il est préférable
pour le commerçant de contracter des baux à long
terme. Mais, répétons-le, s'il est de son intérêt d'agir
ainsi, son crédit n'en subit pas moins le contre-
coup.

En résumé, le privilège du bailleur, à cause des

droits excessifs qu'il confère à ce dernier, étouffe le crédit du locataire commerçant. Les fournisseurs se méfient, ils ne font des avances qu'avec la plus grande circonspection. Ils connaissent le sort déplorable qui les attend, si leur débiteur a le malheur de tomber en faillite. Ils se tiennent sur leur garde, mais ce n'est pas à eux qu'il faut trouver tort, c'est à la situation par trop prééminente du bailleur dans la faillite. Réduire son privilège était le seul moyen de donner de l'expansion à ce crédit. Cette réforme était d'autant plus urgente que le commerçant, par suite du progrès du commerce et de l'industrie, a eu plus besoin de crédit. La rapidité, le nombre et l'importance des opérations commerciales, d'une part ; l'augmentation des loyers et la durée des baux, d'autre part, ont soumis le preneur négociant à des obligations fort lourdes pour son crédit. Il ne fallait pas que le privilège du bailleur vînt le supprimer complètement. Au contraire, il était nécessaire de le dégager : pour cela, il fallait restreindre les droits du bailleur. Dans quelle mesure le législateur l'a-t-il fait ? C'est ce que nous verrons en commentant la loi de 1872. Dans quelle mesure eût-il convenu de le faire, c'est ce que nous examinerons dans notre troisième partie.

SECTION II. — **Protection de la masse des créanciers dans la faillite du locataire commerçant.**

La faillite est déclarée. Voyons quelle est la situation respective du bailleur et des autres créanciers de son locataire.

La faillite a pour effet de rendre immédiatement exigibles tous les loyers à échoir[1]. Le bailleur a donc le droit, en vertu de cette exigibilité anticipée, de se faire colloquer, lorsque son bail a date certaine, non seulement pour les loyers échus, mais en outre pour les loyers à échoir. Nous savons à quel chiffre formidable peut s'élever sa créance.

Cette collocation s'exerce sur le prix des marchandises qui garnissent le magasin loué[2]. Or ces marchandises constituent généralement tout l'actif de la faillite. Il ne faut pas compter les créances qui figurent à l'avoir : elles sont en nombre infime, car le commerçant, en prévision de sa chute, s'est hâté de les recouvrer, et s'il n'a pas pu les recouvrer intégralement, c'est qu'il s'est heurté contre l'insolvabilité de ses débiteurs.

D'autre part, la statistique nous apprend que le mode de clôture des faillites le plus ordinaire est la clôture pour insuffisance d'actif. En 1869, par exemple, à la veille du vote de la loi de 1872[3], il y avait à régler 12,673 faillites. Sur ces 12,673 faillites, 6,040 ont été ouvertes dans l'année, et la procédure de 6,198 (chiffre à peu près égal à celui des faillites déclarées dans l'année) a été terminée définitivement, savoir : 1,227 par concordat, 321 par liquidation de

[1] C'était du moins la théorie appliquée par la jurisprudence avant 1872. Nous renvoyons à notre partie historique pour l'examen de cette question.

[2] Paris, 21 avril 1886; D., 1887.2.52.

[3] Nous prenons également la date de 1869 parce que la guerre de 1870-1871 a interrompu le cours des procédures des faillites déclarées pendant ces deux dernières années.

l'actif abandonné et 2,381 par celle de l'union des créanciers. Dans 2,061, soit un peu plus du tiers, l'insuffisance d'actif a motivé la clôture des opérations, et le jugement de 208 a été rapporté[1].

Il est regrettable que la statistique n'ait pas relevé l'actif afférent aux faillites de ces deux dernières catégories. Mais que prouve cette négligence, sinon que les liquidateurs ont été obligés de clore les procédures, parce que les marchandises constituaient l'unique actif de la faillite, actif qui a été complètement absorbé par la créance du bailleur? Celui-ci, une fois la faillite close, a poursuivi la vente des marchandises et s'en est adjugé le prix. Quant à la masse, elle a été mise à l'écart, elle n'a rien reçu, elle n'a même pas été constituée.

L'actif des 3,929 faillites des trois premières catégories s'élevait à 57,090,876 fr., ce qui donnait comme actif moyen d'une faillite un chiffre inférieur à 15,000 francs. Est-il étonnant, dès lors, que le dividende moyen touché par les créanciers chirographaires n'ait atteint que le 13,89 %? N'est-ce pas à la prépondérance du bailleur dans la faillite qu'il faut attribuer ces résultats?

Une autre cause de la diminution de l'actif des faillites et, par suite, de l'affaiblissement des dividendes distribués, consiste dans l'indifférence du propriétaire, qui, certain d'être toujours payé des loyers

---

[1] *Compte général de l'administration de la Justice civile et commerciale en France pendant l'année 1869,* présenté au Président du Conseil par le Garde des Sceaux, Ministre de la Justice, 1871, pp. XIV et XV.

échus, les laisse s'accumuler au grand préjudice de la masse. Le bailleur, en effet, se présente à la faillite muni de son privilège. Sa créance comprend d'abord les termes échus. Son locataire éprouvait depuis plusieurs années la gène qui l'a conduit à la faillite. Il n'a pas acquitté régulièrement les loyers. Le propriétaire en a différé le paiement, en lui accordant des délais. Ces loyers se sont accumulés de telle sorte qu'au moment de la faillite il y a un arriéré considérable. Ainsi, grâce à sa coupable complaisance, ou plutôt à sa négligence, que seule autorise la protection excessive dont l'entoure la loi, la créance du bailleur s'est augmentée. Que lui importe! Son privilège lui en assure le remboursement intégral. Par contre, le passif de la faillite s'est accru d'autant. De plus, en prolongeant le mauvais état des affaires du commerçant, il a rendu la liquidation plus désastreuse. Peut-être, s'il s'était montré plus rigoureux pour le paiement des loyers, son locataire eût-il moins tardé à déposer son bilan et ne se fût-il pas livré à toutes ces opérations dangereuses qui précèdent la chute. Le commerçant près de faillir est comme le noyé; il se raccroche à toutes les aspérités. Dans son affolement, espérant toujours un sauvetage, il achète à n'importe quel prix, il revend avec perte. Il lui faut de l'argent coûte que coûte. Les fournisseurs et les banquiers qui ignorent cette situation et à qui rien ne fait soupçonner un arriéré de loyers aussi considérable, continuent à lui faire des avances. Puis, tout à coup, éclate la faillite. Le syndic fait l'inventaire et constate un déficit d'autant plus formidable que rien ne le faisait prévoir. Le bailleur, tranquillement et

sans remords (la qualité de sa créance ne lui permet
pas d'en avoir), prélève ce qui lui est dû. Mais sur
qui retombent les effets de sa faute ? Sur les autres
créanciers, qui en sont réduits à maudire la législation
qui favorise de telles injustices.

Ce n'est pas tout. Le bailleur, en vertu de l'exigibilité anticipée de sa créance, a droit au paiement
immédiat de tous les loyers à échoir. Ces loyers sont
le prix d'une jouissance future, d'une jouissance qu'il
n'a pas encore fournie. Cela ne fait rien. Les créanciers évincés n'ont-ils pas le droit de relouer le magasin pendant les années restant à courir ? Belle compensation ! Quel profit, en effet, en retireront-ils bien
si le fonds de commerce est dégarni ? Ils n'ont que la
chance fort minime de relouer à un preneur de hasard,
à un locataire nomade. Et encore ! Seront-ils bien
sûrs de trouver en lui un débiteur sérieux ? Ce n'est
donc pas dans le droit de relocation que les créanciers
trouvent un palliatif à leur perte. Il faut un autre
remède. Mais non, le contrat doit s'exécuter. La
créance du propriétaire est une créance à terme
rendue exigible par la faillite ; il a droit à son paiement immédiat. Que l'on suppose dès lors un bail
long et cher, et le bailleur sera non seulement désintéressé du prix des loyers, mais il réalisera un bénéfice tout à fait imprévu. En voici un exemple typique
cité à la tribune par M. Louvet, lors de la discussion
de la loi de 1872.

« Dans la faillite de l'entreprise appelée le *Factage*
« *parisien*, il y avait un bail de trente années à
« raison de 55,000 francs par an, et, en outre,
« 5,000 francs au moins d'impôts mobiliers. Au bout

« de deux années, le *Factage parisien* tomba en
« faillite : il restait vingt-huit ans de bail à courir.
« Le propriétaire demanda immédiatement le paie-
« ment de 1,500,000 francs. On ne pouvait pas les
« lui donner. Il y avait dans l'actif réalisé de la
« faillite environ 153,000 francs que le syndic a dû
« lui abandonner pour sauver quelques épaves ; mais
« s'il y avait eu 1,500,000 francs à retrouver à l'actif
« de la faillite, voilà un propriétaire qui, en plaçant
« cette somme à 5°/₀ d'intérêt, se serait fait un
« revenu de 75,000 francs de rente, c'est-à-dire
« 20,000 francs de plus que ne lui aurait produit son
« bail (Mouvement). Et, à l'échéance de vingt-huit
« années, il aurait ainsi retrouvé le capital non seu-
« lement de sa propriété, mais encore le capital de
« 1,500,000 francs. »

Ainsi donc, le privilège du bailleur n'a pas seulement pour effet de ruiner les créanciers du failli,
mais il est la source pour le locateur d'un enrichissement inique et scandaleux.

Ce n'est pas le dernier grief que la masse ait contre
ce privilège, objet déjà de tant de malédictions. En se
prévalant de l'exigibilité en bloc de tous les loyers
futurs et de son droit de procéder à des voies d'exécution sur les marchandises en magasin, afin de se
faire colloquer sur leur prix avant tous les autres, le
bailleur se met au travers des plans combinés par la
masse en vue de rétablir le failli à la tête de son
commerce ; il paralyse le concordat, il annihile l'action
de la masse. Le concordat est l'issue de la faillite la
plus favorable soit aux créanciers, soit au failli. Les
créanciers ne reçoivent qu'un dividende, ils abandon-

nent une partie de leur créance, mais il vaut mieux exiger peu que de tout perdre. Au moyen du concordat, le failli est replacé à la tête de son commerce dont il continue l'exploitation. Rendu plus sage, plus prudent par l'expérience, il peut se remettre à flot et même voir refleurir son négoce. De telle sorte qu'en fin de compte, les créanciers sont en droit d'espérer, non pas toujours leur remboursement intégral, mais du moins une augmentation de dividende.

Conçoit-on, dès lors, que le bailleur puisse briser à son gré ces espérances si bien fondées, renverser ces calculs dont la réalisation est si souhaitable, en procédant, sans crier gare, à la vente des marchandises en magasin, afin de se faire colloquer incontinent sur leur prix? Dans toute faillite, l'intérêt primordial, celui qu'il convient de sauvegarder avant tout, est l'intérêt de la masse. Toute la réglementation de la faillite est orientée vers ce résultat. Le législateur a pris toutes les précautions nécessaires pour faire produire à la faillite le meilleur rendement. Seulement, il n'a pas pris garde qu'en donnant la priorité à la créance d'un seul, il compromettait toute son œuvre. N'est-ce pas de la dernière inadvertance?

Si encore la créance du bailleur méritait cette priorité! Mais rien ne la justifie. Elle nous paraît même moins digne de protection que celle des autres créanciers. Ceux-ci, nous l'avons déjà dit, en vendant au commerçant les marchandises qui forment l'actif de la faillite, les banquiers, en fournissant des fonds, ont exposé un *capital*. Le risque du bailleur, au contraire, ne consiste jamais que dans la perte du prix

de la *jouissance* de son immeuble, dans la perte des loyers. Or cette perte est infiniment moins grave que la perte d'un capital. Il eût donc été plus naturel, nous semble-t-il, d'accorder aux créanciers, qui risquent la perte d'un capital, cette préférence que la loi confère au bailleur ou, tout au moins, d'appliquer à ce dernier le principe de l'égalité des créanciers dans la faillite. Mais point du tout. Non seulement la loi répare cette perte de la jouissance par une collocation de faveur pour les termes échus, mais elle lui garantit en outre le paiement des loyers à échoir, alors que dans l'article 445, C. com., elle arrête, à partir du jugement déclaratif, le cours des intérêts des créances chirographaires [1]. « C'est, dit M. Thaller,
« faire beaucoup d'honneur à une créance qui ne
« touche le titulaire que dans son revenu. On sacrifie
« généralement avec moins de peine *quelques années*
« *de jouissance* que la propriété même de son bien,
« surtout quand à côté de ce bien donné à bail il y
« en a d'autres qui continuent à être de rapport. Par
« une singulière contradiction, la loi met toute sa
« sollicitude à couvrir cette créance de *revenus,* et
« naturellement ce qu'elle porte à l'avoir du proprié-
« taire est autant de pris aux autres créanciers qui
« luttent, eux, pour un *capital* dont la perte est au-
« trement sensible. C'est fort peu rationnel [2]. »
Objectera-t-on que le bailleur doit cette préférence

---

[1] Paris, 1er déc. 1892, D., 94.2.109; Cass., 17 janvier 1893, D., 93.1.537 et note de M. Boistel.

[2] *Annales de Droit commercial et de Législation comparée,* article cité, p. 292.

au bien-fondé de son privilège qui, on le sait, repose sur une idée de gage tacite? Nous avons déjà répondu à cette objection en montrant l'inexactitude de la théorie du gage appliquée au privilège du bailleur. L'affectation tacite de gage qui avait sa raison d'être à l'époque où les meubles pouvaient faire l'objet d'une hypothèque, n'est plus qu'une fiction. Reste la qualité de la créance; nous venons de voir ce qu'elle vaut. La créance de la masse lui est de beaucoup préférable.

En somme, rien ne justifie cette priorité du bailleur dans la faillite. Par contre, la masse est sacrifiée. Elle n'est même pas constituée lorsque la faillite se clôt pour insuffisance d'actif; elle ne reçoit qu'un dividende dérisoire dans les autres modes de clôture. Le privilège absorbe tout l'actif. Les marchandises suffisent à peine à désintéresser le bailleur, et le prélèvement qu'il opère est d'autant plus fort qu'il s'est montré plus négligent pour le paiement des arriérés. La faillite, d'autre part, peut être pour lui la source d'un enrichissement inqualifiable, lorsqu'il reste de nombreuses années de location à courir. La masse veut-elle enfin négocier un concordat? L'exercice du privilège y met un obstacle insurmontable.

L'absorption totale de l'actif, la négligence du bailleur qui lui permet à son gré d'aggraver l'état de la faillite, le bénéfice scandaleux qu'il peut réaliser lorsque le bail est long et cher, le risque limité qu'il encourt, l'entrave au concordat, en un mot tout ce qui est la conséquence de la prééminence injustifiée du bailleur dans la faillite, telles sont les principales causes qui devaient entraîner la réduction de son privilège en faveur de la masse.

La réforme a été opérée par la loi de 1872, qui a, dans une certaine mesure, donné satisfaction aux réclamations de la masse. Cependant la balance penche encore du côté du propriétaire. Nous examinerons cette question dans notre troisième partie : nous nous demanderons s'il ne conviendrait pas de mieux équilibrer les droits du propriétaire et ceux des créanciers.

CHAPITRE III

RESTRICTION DU PRIVILÈGE EN FAVEUR DE L'AGRICULTURE

La réduction du privilège devait également profiter à l'agriculture. Mais la réforme avait surtout pour but, en cette matière, de faire bénéficier le fermier du crédit que les économistes veulent procurer aux agriculteurs en général et qu'ils proposent comme un des principaux remèdes à la crise agricole.

L'agriculture, depuis près d'un siècle, est en souffrance. Elle éprouve un malaise général qu'on a qualifié de crise ; mais cette crise, à la différence des crises commerciales ou financières qui ne sont que passagères, prend de jour en jour un caractère plus alarmant. Elle sévit sur toutes les classes d'agriculteurs, aussi bien sur les propriétaires que sur les fermiers. Et si le mal paraît quelquefois atteindre plus directement le propriétaire, il ne s'en répercute pas moins sur le fermier. On devait donc songer à préserver les uns et les autres. Aussi les économistes, les légistes et les agriculteurs eux-mêmes se sont-ils préoccupés de chercher les causes du mal et d'en trouver les remèdes.

Les causes de la crise agricole et les solutions proposées pour y mettre fin ont fait déjà l'objet de nombreuses études; nous nous bornerons donc à les rappeler très succinctement. Nous verrons qu'une des causes les plus sérieuses de cet état maladif de l'agriculture est le manque de crédit. Aujourd'hui, l'agriculteur, propriétaire ou fermier, a besoin de capitaux. « Toute industrie exige chez celui qui l'exerce, la possession d'une somme de capitaux correspondant aux opérations à entreprendre. L'agriculture est soumise à cette loi.... Et cependant elle est de toutes les industries celle qui dispose le moins de capitaux; c'est vers elle que les capitaux sont le moins portés à aller.... Il s'en suit que les agriculteurs ne peuvent effectuer les améliorations et les réformes d'outillage que comportent les progrès et l'état de l'agriculture[1]. » La restriction du privilège du propriétaire a été précisément un des moyens employés pour procurer au fermier ce crédit qu'on considère comme un des palliatifs les plus efficaces à la crise.

Les causes de cette crise sont multiples. C'est, en premier lieu, l'invasion des produits étrangers. Le perfectionnement des voies de communication, leur rapidité, leur développement, et surtout l'abaissement du prix des transports, permettent à l'agriculture étrangère de jeter ses produits sur le marché français. Par suite de cette concurrence, le prix des denrées s'affaiblit. En les portant au marché, le cultivateur n'y trouve plus ses petits bénéfices d'autrefois.

---

[1] Projet de loi sur l'organisation du Crédit agricole présenté le 22 juillet 1882 par M. de Mahy, Ministre de l'Agriculture, et M. Léon Say, Ministre des Finances. *Exposé des Motifs* (J. O. du 6 août, n° 407, p. 471).

Ce sont ensuite les maladies qui dévastent les plantes et les arbres producteurs, spécialement les maladies de la vigne, le phylloxera, le mildew, le black-root, etc. Des exploitations entières, surtout dans le Midi, ont été ravagées. Il a fallu replanter, mais à quel prix[1] !

La reconstitution des vignobles et, en général, la mise en état des exploitations atteintes n'exigent pas seulement des capitaux importants, elles demandent aussi un personnel agricole considérable. Or la main-d'œuvre devient de plus en plus coûteuse; l'ouvrier de la ferme, de même que l'ouvrier industriel, réclame une augmentation de salaire[2]. La hausse des salaires, voilà encore une aggravation du mal agricole.

D'un autre côté, l'augmentation des charges fiscales et la mauvaise répartition des impôts ne con-

---

[1] C'est ce qui explique pourquoi de 1877 à 1886, même dans les meilleurs pays, beaucoup de fermiers n'ont voulu à aucun prix renouveler leurs baux. M. Lecouteux nous apprend, en effet, que les pays où la dépréciation du fermage a été le plus accentuée sont les pays vignobles phylloxérés, les pays à garance, les pays à mûriers. Lecouteux, *Cours d'Économie rurale*. t. I, p. 199. Paris, 1889.

[2] Les salaires urbains et les salaires ruraux tendent à se niveler. « Cette œuvre de nivellement, dit M. Lecouteux, est dans la force des choses, car, dans le monde économique comme ailleurs, c'est le sort des équilibres rompus de se rétablir tôt ou tard. Seulement, dans l'espèce, l'équilibre s'est refait, non par l'abaissement des salaires industriels, mais par la hausse des salaires agricoles. » *Op. cit.*, I, p. 94.

. D'autre part, dans un article intitulé *Crise agricole,* inséré à la *Revue des Deux Mondes,* février 1884, M. Risler nous montre que la quantité de blé que l'on peut acheter avec une journée de travail a quadruplé depuis Louis XIV, triplé depuis Louis XVI et doublé depuis Napoléon.

tribuent pas peu à accroître la gêne des populations rurales.

Chaque jour, des impôts nouveaux viennent frapper l'agriculture. Les centimes additionnels des communes et départements vont croissants. L'impôt foncier atteint un chiffre exorbitant. La statistique nous renseigne sur ce mouvement progressif des charges fiscales. En 1829, le montant des dépenses publiques effectuées était de 1,014,914,432 francs, ce qui donnait une charge moyenne par tête de 32 francs. En 1883, ce chiffre atteignait 4,151,489,215 francs; la charge moyenne par tête arrivait ainsi à 111 francs[1].

Or, dans quelle proportion l'agriculture est-elle grevée? Autrement dit, que paie-t-elle pour cent de son revenu? Et que paient, à côté, les valeurs mobilières? D'après M. Leroy-Beaulieu, la propriété rurale est imposée de 30 °/₀ de son revenu, alors que la propriété mobilière ne l'est que de 11,46 °/₀[2]. M. Méline, alors Ministre de l'Agriculture, dans son discours à la Chambre des Députés, du 10 février 1885, déclare que l'agriculture paie 25 °/₀ de son revenu, et les valeurs mobilières, 4 °/₀[3].

Ces chiffres se passent de commentaire. Ils ne sont que trop l'expression d'un régime choquant d'inégalités qui devrait disparaître.

Ainsi, l'agriculteur souffre parce que sa terre est

---

[1] Lecouteux, *op. cit.*, I, 280.

[2] *Économiste Français*, 17 juillet 1880.

[3] Ces chiffres se sont encore élevés depuis. Dans son discours sur le budget, du 7 juillet 1896, M. Méline nous annonce que le pour cent du revenu payé par l'agriculture s'élève à 27 °/₀, et le pour cent des valeurs mobilières à 10 ou 12 °/₀.

grevée d'un impôt trop lourd. Le fermier en subit le contre-coup. Ce n'est pas lui qui doit l'impôt, il est vrai ; l'obligation en incombe au propriétaire. On se demande alors comment un impôt qui pèse sur la terre du propriétaire peut préjudicier au fermier. La réponse est facile. Si le bailleur doit la contribution foncière, l'art. 147 de la loi du 3 frimaire an VII met à la charge du preneur le soin de l'acquitter, sauf recours contre le propriétaire qui est tenu de porter le montant des quittances de cette contribution à valoir sur le prix des fermages.

Mais les parties peuvent d'abord déroger à cette prescription et convenir que les impôts seront à la charge du preneur, sans recours. Ce cas est plus fréquent qu'on ne suppose[1]. Le résultat de cette convention est déjà d'accroître d'autant la dette du fermier.

D'autre part, si l'on s'en tient au droit commun, qu'arrive-t-il? Il arrive qu'en chargeant le fermier d'acquitter l'impôt foncier, la loi l'oblige de mettre de côté un certain capital qu'il eût plus volontiers consacré aux besoins de l'exploitation. L'argent est rare à la ferme (nous ne parlons pas des grandes fermes qui sont l'exception). Les produits se vendent peu et le moindre argent que le fermier en retire est destiné aux réparations, à l'entretien ou à l'achat de l'outillage agricole. Le fermier n'a déjà pas tant de crédit : il se procure difficilement des capitaux. Comment fera-t-il si on lui enlève ceux dont il peut disposer ?

Mais, objectera-t-on, le résultat ne serait-il pas

[1] Guillouard, *Traité du Contrat de Louage*, I, p. 228.

identique si l'impôt était directement acquitté par le propriétaire ? Ce dernier, en effet, doit en tenir compte sur le prix des fermages. Non, répondrons-nous, car le fermier peut avoir un besoin d'argent actuel. Or, il est, vis-à-vis du propriétaire, dans la situation d'un créancier à terme. Il a payé de ses propres deniers une dette du bailleur; ces deniers ne lui seront remboursés que plus tard, lors du paiement des fermages. Mais, à cette époque, le fermier aura fait argent de ses récoltes et sera moins gêné pour acquitter sa dette envers le bailleur; tandis que jusque-là, peut-être, il a été obligé de faire face à de nombreuses dépenses dans l'intérêt de l'exploitation. Ainsi donc, le crédit que la loi oblige le fermier à faire à son bailleur nuit au crédit de celui-là, en le privant momentanément d'un capital qu'il eût plus utilement employé aux travaux imprévus et toujours pressants de la culture.

Enfin, même en supposant la contribution foncière directement acquittée par le propriétaire, l'inconvé-nient ne disparaîtrait pas pour le fermier. En effet, le chiffre considérable de l'impôt frappant la propriété rurale a pour conséquence inévitable l'augmentation des fermages. Le prix des fermages n'est pas en rapport avec le revenu du sol; il est trop élevé, disent les fermiers. — Qu'on diminue les impôts, répondent les propriétaires, nous nous montrerons plus raison-nables. — Et ainsi le fermier se rencontre sur ce point avec le commerçant. Tous deux ont à souffrir de l'augmentation des loyers ou fermages. Nous connais-sons le préjudice que cette augmentation cause à leur crédit.

Le surcroît des charges fiscales et leur inégale répartition nuisent donc aussi bien aux fermiers qu'aux
propriétaires.

Aussi, bon nombre d'économistes, persuadés que
la crise agricole a pour cause prédominante cette
surcharge et cette mauvaise répartition des impôts,
proposent-ils de modifier l'assiette des charges fiscales
et de les répartir d'une façon plus équitable. Cette
réforme générale de l'impôt entraînerait d'autres
modifications importantes, telles que la réfection du
cadastre, la réforme du régime foncier et du régime
hypothécaire. Ce sont des questions à l'ordre du jour,
mais qu'il ne convient pas d'examiner ici. Nous ne
croyons pas cependant que la réforme générale de
l'impôt soit un remède radical. La crise agricole, en
effet, a d'autres causes plus profondes et d'une tout
autre nature, contre lesquelles ce remède serait inefficace.

Le mal, en effet, tient aussi à l'esprit qui anime
les populations rurales, à leurs mœurs, à leurs pen-
chants. On s'est souvent élevé contre la tendance des
agriculteurs à fuir la ferme pour se réfugier à la ville.
Le propriétaire qui possède quelques avances ne veut
plus rester à la campagne. Il vend ou afferme son
bien et prend le chemin de la ville, dans l'espoir d'y
trouver une situation meilleure. Le fils du fermier
lui-même déserte les champs : muni d'une instruction
souvent rudimentaire, il s'adonne, dans les villes, à
un métier qu'il croit plus lucratif. Ce changement de
profession se manifeste aussi chez la femme rurale :
la fille du fermier ne se marie plus avec le fils de la
ferme voisine ; elle veut un employé, un fonction-

naire; le pain journalier est au moins assuré, puis il y a la retraite. Ou bien, elle se consacre aux travaux de couture, de lingerie, de ganterie. Là, elle travaille à domicile, mais pas dans les champs[1].

La dépopulation des campagnes, l'*absentéisme,* voilà donc encore une autre cause de la crise rurale. Cette cause trouve elle-même son origine dans l'instruction qui pénètre de plus en plus chez les paysans. Aussi certains moralistes ont-ils critiqué, de ce chef, l'instruction obligatoire. Leurs attaques sont certainement exagérées. Si l'instruction obligatoire a apporté des modifications profondes dans l'état actuel de la société, si même elle a produit des résultats fâcheux, il ne faut cependant pas pour cela conclure si vite à sa condamnation. Elle cause des troubles, c'est vrai; mais ces troubles sont passagers, et le calme ne peut manquer de se rétablir. L'homme instruit qui déserte actuellement la campagne y reviendra lorsqu'il se sera rendu compte des difficultés et des déboires de la vie urbaine. Il appliquera alors à l'agriculture cette science qui lui a d'abord fait faire fausse route.

Il ne faut donc pas accuser l'instruction. Seulement, ce qu'il faut lui demander, c'est de modifier ses programmes et de les mettre en rapport avec les nécessités agricoles[2]. Ces vœux sont d'ailleurs en voie de réalisation. Le Gouvernement crée de nombreuses écoles d'agriculture, institue des fermes-écoles. Des concours, des expositions s'organisent;

[1] Lecouteux, *op. cit.*, I, p. 132.
[2] *Ibid.*, I, pp. 323 et suiv.

des sociétés et des syndicats agricoles se créent.
L'agronomie progresse. Les chimistes font de nouvelles découvertes et trouvent les formules d'engrais
chimiques. Les géologues étudient la nature des
terres et prescrivent un mode de culture approprié.
Les économistes enseignent le moyen d'augmenter
les rendements de l'agriculture pour abaisser ses
prix de revient, en préconisant la supériorité de la
culture intensive (sagement pratiquée et bien comprise) sur la culture extensive. On applique à l'agriculture les découvertes scientifiques : on trouve
maintenant dans la ferme des machines à vapeur, on
utilise l'électricité. Le matériel se perfectionne. En
un mot, l'agriculture tend de plus en plus à *s'indus-
trialiser*.

Et cependant, malgré tous ces progrès, malgré
toutes ces tentatives, le mal ne disparaît pas. De
nombreuses exploitations demeurent stationnaires.
Beaucoup d'auteurs attribuent cet état de choses à la
routine légendaire du paysan. L'agriculteur, dit-on,
est réfractaire aux perfectionnements agricoles. Il se
méfie des nouvelles découvertes. Il ne se décide à
changer ses anciens procédés d'exploitation que lorsqu'il a vu son voisin expérimenter les nouveaux
et s'en montrer satisfait[1]. Ces observations ont leur
part de vérité, mais le mal a une racine plus profonde.
Si le cultivateur ne change pas ses modes de production et d'exploitation, s'il ne suit pas le mouvement

---

[1] On pourrait citer comme exemple de cet entêtement le temps
que les paysans ont mis à se convaincre de l'utilité du sulfatage
des vignes contre l'invasion du mildew.

du progrès agricole, *c'est qu'il ne le peut pas,* et il ne le peut pas parce qu'il n'a pas d'avances, pas de capitaux.

Voilà la vraie et la principale cause de la crise : le défaut de crédit. L'agriculteur ne peut pas réaliser les réformes conseillées par les agronomes parce qu'il n'a pas de crédit. L'argent n'abonde plus à la campagne comme autrefois. Les capitaux émigrent vers les villes ; ils sont attirés par les centres commerciaux et industriels. Ceux qui peuvent en disposer préfèrent les engager dans une entreprise commerciale ou industrielle plutôt que de les prêter à un cultivateur. L'agriculteur lui-même a pris l'habitude de porter ses économies à la Caisse d'Épargne : il les croit là plus en sûreté qu'entre les mains d'un de ses voisins. Les caisses d'épargne recueillent l'argent des campagnes, mais n'en font pas profiter l'agriculture[1]. La pénurie d'argent dans les campagnes engendre l'usure, et l'usure achève de ruiner l'agriculteur.

L'invasion des produits étrangers, les maladies qui dévastent les végétaux producteurs, la hausse des salaires, l'augmentation des impôts, la routine de l'agriculteur, l'usure et le défaut de crédit, telles sont les principales causes qui ont fait naître et prolongent la crise agricole. A ces causes les économistes ont proposé des remèdes. Nous en avons rencontré quelques-uns. Mais celui que les économistes considèrent comme

---

[1] L'art. 10 de la loi sur les Caisses d'épargne (*J. O.* 20 juillet 1895) vise cependant la décentralisation de l'épargne et permet aux Caisses d'épargne, sous certaines conditions, de faire des prêts aux Sociétés coopératives.

le plus efficace consiste dans l'organisation du crédit agricole.

L'agriculteur ne peut pas lutter contre la concurrence étrangère, ni replanter ses vignes, ni employer les procédés nouveaux d'exploitation, faute de crédit, faute de capitaux. Il ne peut rien contre la hausse des salaires, et, d'autre part, le législateur hésite à remanier le régime des impôts, à cause des modifications trop profondes et trop coûteuses que cette réforme entraînerait. Le seul moyen de remédier à cet état de choses est de procurer à l'agriculteur les capitaux qui lui manquent. La crise se trouverait ainsi, sinon résolue, du moins enrayée fortement par l'organisation du crédit agricole. C'est à cette conception que se rattachent toutes les propositions, tous les projets, toutes les réformes, toutes les institutions qui ont pour but la propagation du crédit chez les agriculteurs. Il ne rentre pas dans notre sujet d'étudier les projets présentés et les réformes réalisées, ni d'examiner dans quelle mesure et à quelles conditions le crédit doit être donné aux agriculteurs. Nous nous bornerons à constater que l'agriculture, comme le commerce, a besoin de crédit, et qu'il convient de lui en procurer, si on veut rendre aux exploitations toute leur prospérité.

Il était juste que l'organisation du crédit agricole profitât au fermier. Le fermier, nous l'avons vu, forme une partie importante de la classe rurale. Lui aussi, d'autre part, a vu son crédit obéré par la crise. Mais ici un nouvel obstacle s'est dressé : le privilège du bailleur. Les banquiers agricoles, les sociétés de crédit sont tout disposés à faire des avances au fer-

4

mier, mais ils reculent devant ce privilège qui leur enlève toute sécurité. C'est dans la réduction de ce privilège que devait donc consister la réforme propre à faire participer le fermier à l'organisation du crédit agricole[1].

Le privilège du bailleur, en effet, présente pour les

[1] M. Labiche, rapporteur de la Commission du Sénat sur le projet du Gouvernement concernant l'organisation du crédit agricole, expose ainsi l'objet de la réforme :

‹ Depuis bien des années, les Sociétés d'agriculture, les Comices « et tous ceux qui s'intéressent au progrès de nos industries agri- « coles et à la prospérité de nos populations rurales, réclament « avec instance une loi qui donne aux agriculteurs les moyens de « se procurer les capitaux qui leur manquent.

« En France, l'agriculture manque de capitaux parce qu'elle « manque de crédit ; et le crédit fait défaut parce que notre légis- « lation ne permet pas aux agriculteurs d'offrir aux capitalistes les « garanties que les commerçants et les industriels peuvent donner « à leur prêteur, soit au point de vue de la constitution du gage, ‹ soit au point de vue de la sanction des engagements pris.

« En effet, d'une part, à raison de la nature des produits et de « l'outillage agricole, dont le déplacement est souvent impossible, « les agriculteurs ne peuvent donner en garantie que ce qui cons- « titue souvent tout leur avoir; d'autre part, à raison des entraves ‹ mises par le Code au crédit des fermiers par les privilèges exces- « sifs du propriétaire, et enfin à raison des longues et coûteuses ‹ formalités exigées pour les poursuites contre le débiteur qui « n'exécute pas ses engagements, les agriculteurs n'ont pas les « mêmes moyens de crédit que les industriels et les commerçants; « ils ne peuvent user comme eux des banques et des autres insti- « tutions financières. — Cependant les besoins de l'agriculture « sont considérables. — Depuis le Cod‹ civil, les conditions de « l'exploitation du sol se sont modifiées; l'outillage et les animaux « nécessaires à la culture représentent un capital considérable ; la « culture de plus en plus intensive exige des avances plus im- ‹ portantes. Il y a donc lieu de faire subir à la législation les ‹ modifications que nécessitent les besoins nouveaux. » (*J. Of.* 30 novembre 1883, ann. n° 464, p. 997.)

capitalistes les mêmes inconvénients qu'en matière commerciale. Ils savent par avance que leur débiteur ne leur offre aucune garantie, et que tout son patrimoine est pour ainsi dire frappé d'indisponibilité par l'effet du privilège énorme qui le grève. Ces capitalistes, il est vrai, auraient le droit, comme en cas de faillite, de relouer la ferme et de faire leur profit de la relocation. Mais ici encore, ce droit n'est qu'un pis-aller. La profession des capitalistes n'est pas d'affermer des terres ; leur métier, c'est de prêter et recevoir de l'argent, de spéculer. Ce n'est donc pas la relocation, surtout lorsqu'il s'agit d'une ferme, qui les déterminera à faire des avances au fermier. Le moyen le plus simple de les décider à ouvrir leur caisse était de dégrever le patrimoine du fermier en restreignant le privilège du bailleur.

D'autre part, avons-nous vu, le privilège porte une atteinte d'autant plus grande au crédit du preneur que la créance qu'il garantit est plus élevée. Or, pendant que les rendements de la culture sont en déficit, la dette du fermier envers le bailleur croît de jour en jour sous le poids de certaines circonstances économiques. Ces circonstances nous les avons déjà étudiées en examinant l'influence qu'elles ont eue sur le crédit du commerçant. Le crédit du fermier n'a pas seulement été éprouvé par la crise, il a subi, comme celui du locataire commerçant ou industriel, le contre-coup du progrès agronomique, de la durée des baux et du taux des fermages.

Les procédés de culture sont modifiés. Le fermier ne travaille plus seulement pour se nourrir et se vêtir, mais pour échanger ses produits contre de l'argent

qu'il destine aux nouveaux besoins de la terre. Du
même coup le travail des champs devient une véritable exploitation : il emprunte au commerce et à l'industrie leurs procédés, perfectionne son matériel,
achète des engrais, s'organise pour produire beaucoup
et vite. La ferme est transformée en une véritable
petite manufacture avec son outillage perfectionné et
son personnel nombreux. Les transactions se multi-
plient : ici, c'est l'achat de matières premières, d'engrais, de machines ; là, c'est la vente des récoltes destinées à la consommation. Mais toutes ces opérations,
de même que les transactions commerciales, ne supposent-elles pas la nécessité du crédit, le besoin
d'avances considérables ?

D'autre part, le crédit du fermier, comme celui du
commerçant, souffre du taux trop élevé des fermages.
D'après M. Lecouteux [1], le taux du fermage en France
varie entre 60 et 130 francs l'hectare en grande ferme [2]. « Mais, ajoute-t-il, la situation des autres fer-

---

[1] *Op. cit.*, I, 197.

[2] L'enquête de la Société nationale d'agriculture de France sur
la situation économique rurale de 1867 à 1879 donne les chiffres
suivants : en 1867, le taux moyen du fermage par hectare était de
63 fr. 02 et, en 1877, de 73 fr. 50, soit une augmentation de 10 fr. 48.
On n'a constaté une baisse que dans les quatre régions du Centre,
de l'Est, de l'Est central et du Sud : tout le reste de la France a été
en hausse. Pourtant de 1877 à 1886, il y a eu une crise. Beaucoup
de fermiers, même dans les meilleurs pays, n'ont voulu renouveler
leurs baux. Cela tient à la dépréciation considérable qu'ont subie
les produits du sol. Leur valeur n'était plus en rapport avec le
taux du fermage, si faible fût-il. La reconstitution des vignobles,
l'amélioration des procédés de culture ont amené une réaction, et
les fermages tendent à augmenter de nouveau. Lecouteux, *op. cit.*,
I, p. 199.

« mes est si triste au moment des échéances que,
« fatigués de voir s'accumuler les fermages en retard,
« répugnant par-dessus tout aux moyens de contrainte
« judiciaire, beaucoup de propriétaires de biens affer-
« més à prix d'argent à des fermiers pauvres en pays
« pauvres sont revenus, de guerre lasse, au partage
« en nature, sinon à la vente au détail, au démem-
« brement territorial, au partage du domaine en plus
« petites exploitations. Tant il est vrai que le rapport
« du capital à l'étendue exploitée joue un grand rôle
« dans ces questions de fermage, de métayage, de
« grande et de petite propriété. » Le revenu du sol
n'est pas en rapport avec le fermage. Le taux du
fermage n'augmente pas, si l'on veut, mais la valeur
du sol diminue et le fermage ne diminue pas. Les
anciens propriétaires habitués à retirer de la location
de leurs terres des fermages élevés ne veulent pas se
rendre à l'évidence. Vivant de leurs revenus, souvent
loin des exploitations, il leur en coûte d'abaisser le
fermage ; ils ne croient pas aux fermiers qui prêchent
misère, qui invoquent le déclin de la production.
Les fermiers n'ont qu'à ne pas renouveler leurs baux,
dira-t-on. Oui, mais il faut vivre avant tout, et la
production agricole intéresse au plus haut point la
consommation publique. Qu'on restreigne, au contraire, le privilège du bailleur, et les terres qui ne
produisent pas, parce qu'elles ne sont pas exploitées
avec des capitaux suffisants, donneront de meilleurs
rendements, fourniront des récoltes plus riches. Les
fermiers seront moins gênés, les propriétaire touche-
ront plus régulièrement leurs fermages.

Plus le bail est long, plus la créance du bailleur

est considérable, et moins le preneur a de crédit. Or
le fermier, comme le commerçant, est obligé de contracter des baux à long terme ; il y va de son intérêt.
Leur durée la plus habituelle est aujourd'hui de neuf
ans ; par exception, il y a des baux de dix-huit et
même de trente ans [1]. Un bail long permet au fermier de conduire son exploitation avec plus de
méthode, d'étudier les besoins de cette exploitation
et d'y pourvoir en connaissance de cause. Si sa récolte
est ravagée par la grêle, la gelée ou d'autres fléaux,
il compte sur la richesse de la récolte suivante. En
un mot, grâce à la durée du bail, il améliore pro-
gressivement la terre qu'il tient à ferme. Sur ce point
encore se manifeste l'analogie de la situation du fermier avec celle du locataire commerçant. Tout irait
pour le mieux, si ce n'était que la dette du fermier
croît en proportion de la longueur du bail, et cause
ainsi un grave préjudice à son crédit, en tenant les
capitalistes à distance.

Un autre effet du privilège, que nous avons déjà
montré comme très nuisible aux intérêts de la masse
de la faillite, consiste dans la négligence du bailleur
à réclamer à leur échéance les fermages arriérés. En
les laissant s'accumuler, il commet une faute : il rend
plus désastreuse la déconfiture de son débiteur. Est-il
juste de faire retomber les effets de cette négligence
sur les créanciers chirographaires ? Diminuez l'étendue
du privilège, « et le fermier ne sera plus autorisé à
solliciter autant de délais, et le propriétaire sera moins
disposé à les accorder[2] ».

[1] Lecouteux, *op. cit.*, II, 32.
[2] Rapport de M. Labiche.

Mais d'autre part, cette protection excessive que la loi accorde au propriétaire bailleur, remplit-elle toujours son but? A-t-elle vraiment son utilité? Non. Le bailleur n'en retire souvent qu'un mince profit. Son privilège, avons-nous vu, repose sur une idée de crédit réel : la créance du locateur a pour garantie le mobilier de la ferme. Or, pour organiser le crédit réel et lui donner une base solide, il faut mettre en regard de la créance un gage qui en représente au moins la valeur. C'est la condition essentielle de la solidité du crédit réel. Le législateur de 1804 a complètement méconnu cette condition. D'un côté, il a grossi outre mesure la créance privilégiée du bailleur ; d'un autre côté, il aurait dû exiger que le fermier, dès son entrée en jouissance, apportât soit en mobilier, soit en capital d'exploitation, l'équivalent de la créance que ces objets sont destinés à garantir. De telle sorte que le bail étant de neuf ans, par exemple, le fermage annuel de 10,000 francs, les apports auraient été de 90,000 francs. Il ne l'a pas fait. La raison en est facile à comprendre. Jamais un fermier, même aisé, n'aurait été capable de remplir des conditions aussi onéreuses ; et, sous prétexte de protéger la propriété, il ne fallait pas supprimer le fermage. Le législateur devait, au contraire, le rendre accessible même aux fermiers les plus pauvres. C'est ce qu'il a fait, du reste, en n'exigeant du fermier qu'un mobilier susceptible de garantir une seule annuité du bail[1]. En fait, la valeur du mobilier est plus importante ; elle

[1] Guillouard, *Traité du louage*, II, n° 462 ; — Duvergier, *Du louage*, II, n° 16.

suffirait, le cas échéant, à assurer le paiement de trois à quatre annuités. Mais jamais elle n'est la représentation exacte de la créance garantie. Que le fermier tombe alors en déconfiture, et le bailleur, malgré l'énergie de son privilège, est dans l'impossibilité absolue de recouvrer l'intégralité de sa créance, par suite de l'insuffisance du gage. Que faut-il en conclure, sinon que ce privilège, qui est désastreux pour le fermier, n'est même pas une garantie pour le propriétaire ? Réduit à une, deux années, il a son utilité, sa raison d'être ; étendu comme il l'a été, c'est une illusion.

En résumé, le privilège du bailleur empêche le fermier de participer aux réformes tentées par les économistes ou réalisées par le législateur, en vue de propager le crédit chez l'agriculteur et de dissiper ainsi, dans la mesure du possible, le malaise qui éprouve l'agriculture. Le fermier ne peut pas s'approcher des caisses des capitalistes ni s'adresser aux banques agricoles parce que le gage qu'il leur donnerait en retour est déjà entièrement affecté à la garantie d'une autre créance, d'une créance qui est d'autant plus élevée que le bail est plus long et plus cher. La réduction du privilège nous apparaît donc comme le moyen de procurer au fermier le crédit qui lui manque. Si l'on veut faciliter l'accès des capitaux dans la ferme, qu'on fasse place nette, qu'on fasse disparaître les obstacles, qu'on dégrève, en un mot, les seules garanties que le fermier puisse offrir de la charge accablante du privilège du propriétaire. Alors les capitalistes s'aboucheront plus volontiers avec le fermier, la réduction leur inspirera plus de confiance ; ces nou-

veaux créanciers sauront, en effet, qu'en cas de
déconfiture du débiteur, et après que le bailleur aura
exercé son privilège notablement diminué, il restera
encore un actif disponible pour le remboursement de
leur prêt.

Si, outre cette indisponibilité, cette espèce de dota-
lité qui frappe l'avoir du fermier, on considère enfin
le peu d'utilité que ce privilège offre au propriétaire,
puisqu'il n'arrive jamais à couvrir sa créance, le gage
étant le plus souvent insuffisant ; si on envisage le
mauvais service que le bailleur rend au preneur et à
sa liquidation en laissant s'accumuler les fermages
échus, on se demande pourquoi on aurait hésité à
réduire le privilège en faveur du fermier comme on
l'avait déjà réduit en faveur du commerçant.

La réduction ne s'est pourtant pas opérée sans sou-
lever de vives critiques, de violentes protestations.
Le principe de cette réduction a trouvé des adversaires résolus qui ont failli faire sombrer sous le coup
de leurs attaques les divers projets présentés[1]. Nous
exposerons plus loin les vicissitudes qu'ont traversées
ces projets avant de recevoir une consécration législative. Nous nous bornerons à examiner ici les objections qu'on a faites au principe de la restriction du
privilège.

Les adversaires de la réforme ont dit d'abord : la
réduction du privilège est une atteinte au principe de

---

[1] Un des plus vifs défenseurs de l'art. 2102,1°, a été M. Oudet, sé-
nateur du Doubs. Il a développé avec beaucoup de vigueur, dans
les séances des 2 et 3 février 1888, la plupart des arguments que
nous allons présenter.

la liberté des conventions. L'exercice du privilège
n'est que la conséquence de l'exécution rigoureuse du
contrat de bail. Le fermier, en contractant, promet le
paiement de tous les fermages. Comme garantie de
ce paiement, il affecte tout le mobilier de la ferme.
Par suite, en invoquant son privilège, le propriétaire
ne fait qu'user d'un droit que lui conférait déjà la
convention. Donc, si vous limitez le privilège, vous
limitez aussi le droit que le propriétaire tient de la
convention, puisqu'il ne peut pas rétablir par une clause
expresse du bail cette garantie que vous lui enlevez.
C'est à la loi seule, en effet, qu'il appartient de créer
les privilèges et d'en déterminer l'étendue.

En second lieu, ont-ils ajouté, le privilège de l'article 2102,1°, n'est pas si préjudiciable au crédit du
fermier que les partisans de la restriction le prétendent. Ce privilège n'a même jamais entravé son crédit. Le droit du propriétaire, en effet, n'est opposable
ni aux créanciers pour frais de récoltes, ni à ceux qui
ont vendu à crédit au fermier les objets qui servent
à l'exploitation du domaine, notamment aux fournisseurs de semences, de bestiaux ou d'ustensiles aratoires.
Ces créanciers ont un privilège qui prime celui du
bailleur. Le législateur de 1804 ne mérite donc pas les
reproches qu'on lui a adressés : tout en protégeant le
propriétaire, il a songé au fermier; il lui a réservé
toutes les facilités pour se procurer à crédit les
différentes choses qui sont nécessaires à l'exploitation [1].

Le privilège, continuent les adversaires de la réfor-

---

[1] Oudet, discours au Sénat, séance du 2 février 1888.

me, n'a d'ailleurs rien d'excessif. En fait, il se réduit
aux valeurs mobilières apportées par les locataires
ou les fermiers. « Or, dans quelle mesure ceux-ci
« sont-ils obligés de garnir ou de meubler les lieux
« loués ? Dans la mesure nécessaire pour garantir
« une annuité du bail. Est-il vraisemblable que sans
« y être tenus, et au delà de leurs besoins, ils dépas-
« seront de beaucoup cette obligation, la seule que la
« loi leur impose ? Assurément non. Le privilège n'a
« donc, en réalité, qu'une importance bien limitée
« pour ce qu'il est *censé* garantir [1]. »

Vous prétendez, ont-ils objecté encore aux partisans
de la restriction, vous prétendez que cette restriction
doit augmenter, doit dégager le crédit du fermier. Tel
n'est pas notre avis. Non seulement elle ne l'augmente
pas, mais elle lui fait tort.

Et d'abord la réforme est inutile, elle ne dégage
nullement le crédit du fermier. Le *quantum* auquel
vous proposez de réduire la créance du bailleur est
encore trop élevé. Cette créance comprend, en effet,
outre quatre années de fermages, les avances faites
par le propriétaire pour les besoins de l'exploitation
et les dommages-intérêts qui peuvent lui être accordés pour inexécution du bail. Or nous venons de voir
qu'en fait la valeur du gage spécialement affecté à la
garantie de cette créance ne dépasse presque jamais
une année de fermage. Cette valeur est donc inférieure
au *quantum* proposé. Admettons même que la valeur
du mobilier de la ferme jointe au capital d'exploitation représente quatre années de fermages, en un mot,

[1] Oudet, *ibid.*

soit égale au quantum. Dans cette situation, le fermier à court d'argent se présente chez un banquier. En garantie du prêt qu'il sollicite, il offre son capital d'exploitation, il y joint la récolte pendante. Que lui répondra le capitaliste ? Il lui dira : « Mais ce gage que vous m'offrez appartient déjà à d'autres. Il est d'abord affecté à la sûreté du bailleur ; de plus, vous devez peut-être encore le prix de ce capital d'exploitation, de vos bestiaux, de votre matériel agricole, et ce prix, vous le savez bien, est garanti par privilège. Quant à la récolte, elle n'est pas plus libre que le capital, puisque le prix en est attribué par privilège à ceux qui l'ont préparée ou qui ont fourni la semence. Ajoutez les frais privilégiés de justice. Une fois ces créances remboursées, que restera-t-il pour moi ? Rien. C'est à peine si votre mobilier, vos récoltes pendantes, votre capital d'exploitation suffiront au paiement de la moitié du total de ces créances qui, le cas échéant, seront colloquées avant la mienne. » Et la caisse du banquier demeurera fermée sous l'empire de la loi nouvelle comme elle l'avait été sous l'ancienne. Le crédit du fermier n'y aura rien gagné. Pour dégager ce crédit, peut-être faudrait-il aller plus loin et supprimer presque entièrement le privilège. Mais vous sacrifieriez les droits du propriétaire et vous tomberiez ainsi dans l'excès opposé. Personne, d'ailleurs, n'a osé demander cette innovation par trop hardie et par trop radicale.

La réforme n'est pas seulement inutile, elle est dangereuse pour le fermier. La seule personne que le fermier puisse avoir pour créancier, la seule qui puisse lui faire crédit, est le propriétaire bailleur.

Supposez, en effet, que le banquier dont nous parlions plus haut se laisse toucher et consente à prêter au fermier. Pour se libérer, ce dernier compte sur une récolte abondante. Elle est détruite, emportée par la grêle. Le jour de l'échéance arrive, il faut payer. Que fera le banquier ? Parfois il accordera un renouvellement, mais à quelles conditions onéreuses! Le plus souvent il exécutera le fermier sans pitié. Le propriétaire eût été plus coulant, il eût attendu, surtout si son débiteur est honnête et laborieux. Il sait du reste que son privilège lui garantit le paiement des fermages arriérés. Limitez au contraire ce privilège à trois, quatre années de fermages : le bailleur n'y perdra rien, puisque la valeur du gage est le plus souvent inférieure au *quantum* garanti ; mais, à l'avenir, il se montrera plus difficile dans le choix d'un fermier, il exigera des garanties plus sérieuses. D'où, première conséquence : la limitation préjudiciera à la catégorie, combien nombreuse, des fermiers besogneux ; deuxième conséquence : le propriétaire sera moins accommodant dans le paiement des fermages. Il n'accordera plus de délais, il saisira le fermier. La restriction du privilège sera la ruine du fermier. Au contraire, le maintien de ce privilège, tel qu'il est établi par l'article 2102, n'est pas seulement une garantie pour le bailleur, il est aussi une protection pour le fermier. « Ne touchez donc pas à l'article 2102, s'écriait M. Oudet au Sénat, rappelant les paroles déjà prononcées au congrès de 1845 par M. le Procureur général Dupin [1]; le privi-

---

[1] Voir *infra*. Historique de la loi du 19 février 1889.

lège du propriétaire, mais c'est le crédit du fermier [1]. »

Enfin, ont dit les partisans de l'article 2102, restreindre le privilège, c'est briser sans motif sérieux l'unité de la loi civile. La loi de 1872 avait déjà institué un régime de faveur pour le locataire industriel ou commerçant. Mais cette différence de traitement qui s'expliquait très bien en pareil cas, rien ne la justifie lorsqu'il s'agit d'un locataire agriculteur.

Telles sont les objections qui ont été faites au principe de la restriction. Voici ce que nous répliquerons à ceux qui les ont soulevées.

En premier lieu, la réduction du privilège n'est pas une infraction au principe de la liberté des conventions. En concluant le bail, et par conséquent en affectant son mobilier à la garantie du bailleur, le preneur ne fait que se soumettre à une exigence *légale*. Le privilège est en effet établi par la loi. Il adhère à cette garantie parce qu'il ne peut pas faire autrement. Nous savons d'ailleurs que jamais le propriétaire ne consentirait à restreindre par une clause expresse la sûreté que lui accorde la loi. Pour opérer cette restriction, il fallait donc une mesure légale.

Le privilège ne nuit pas au crédit du fermier, dit-on en second lieu. En effet, aux termes de l'art. 2102, 1°, al. 4, « les sommes dues pour semences ou pour les frais de la récolte de l'année sont payées sur le prix de la récolte et celles dues pour ustensiles sur le prix de ces ustensiles, par préférence au propriétaire, dans l'un et l'autre cas ». Le fermier n'est donc pas obligé de recourir au banquier puisqu'il peut, à crédit,

[1] Oudet, discours au Sénat, séance du 2 février 1888.

acheter son outillage agricole, ensemencer ses terres
et faire la récolte, puisqu'il peut, en un mot, suffire
aux besoins de l'exploitation. S'il emprunte des capitaux, c'est pour en faire un usage étranger à la culture. Or, en principe, l'agriculteur ne doit pas donner
aux capitaux empruntés une destination autre que
celle pour laquelle il a emprunté. Sinon, c'est la ruine.
Le privilège de l'art. 2102,1°, al. 4, le protège contre ce
danger.

Sans méconnaître ce principe, on peut répondre
d'abord que la garantie accordée aux fournisseurs
d'ustensiles ou aux préparateurs de la récolte est insuffisante. Comment seront-ils payés si, lors de la déconfiture du fermier, les ustensiles vendus ont disparu
ou sont détériorés, si la récolte a été détruite, ou,
enfin, si le fermier en a dilapidé le prix ? Si on observe,
d'autre part, que ces créanciers n'ont pas le droit de
suivre leur gage en mains tierces, qu'ils demeurent
dès lors soumis à la règle contenue dans l'art. 2279,
on est bien forcé de conclure, sinon à l'entière ineffi-
cacité, du moins à la grande fragilité de leur privilège.
Remarquons, enfin, que la disposition de l'art. 2102,1°,
al. 4, en admettant son efficacité, est, en un certain
sens, restrictive : le gage est restreint, puis elle ne
comprend pas et ne pouvait pas comprendre tous les
créanciers pour cause agricole. Cela tient aux nouvelles exigences de la culture. De plus, non seulement
la jurisprudence s'en tient à l'interprétation restrictive, mais dans beaucoup de cas, elle refuse de reconnaître le privilège des fournisseurs[1]. Dans ces condi-

[1] D'après la jurisprudence, n'ont pas le privilège de l'art. 2102,1°-4 :

tions, comment un privilège qui ne profite pas aux créanciers serait-il plus utile au débiteur? Le privilège pour fournitures n'augmente pas d'un centime les ressources du fermier. La restriction du privilège du bailleur était donc seule capable de procurer au fermier le crédit que le privilège de l'art. 2102,1°, al. 4, ne pouvait lui assurer.

En outre, prétendent les défenseurs de l'art. 2102, le privilège n'a rien d'excessif : il ne s'exerce en fait

1° le fournisseur d'engrais : Caen, 28 juin 1837, S., 37.2.395 ; Cass., 9 novembre 1857, S., 58.1.149, et D., 58.1.30 ; Amiens, 2 mai 1863, S., 63.2.122, et D , 63.5 302; Douai, 21 janvier 1865, S., 65.2.237; Rennes, 4 mai 1871, D., 73.5.379 ; Cass., 15 juin 1892, S., 93.1.281 ; Dijon, 16 mai 1893, S., 93.2.134 et D.. 93.2.479. Y joindre : Aubry et Rau, III, § 261, texte et note 47, pp. 150-151; Baudry-Lacantinerie et de Loynes, *Des Privilèges et Hypothèques*, I, n° 467 ; Guillouard, *Traité des Privilèges et Hypothèques*, I, n° 360 ; Laurent, XXIX, n° 451 ; Thézard, *Du Nantissement, des Privilèges et Hypothèques*, n° 351 ; Contrà : Martou, *Des Privilèges et Hypothèques*, II, n° 444 ; Pont, *Des Privilèges et Hypothèques*, I, n° 134 ; Troplong, *Des Privilèges et Hypothèques*, I, n° 166 ; 2° les domestiques de la ferme qui ne sont pas employés aux travaux des champs; ils n'ont que le privilège moins favorable de l'art. 2101,4° : Tribunal de Vitry-le-François, 31 juillet 1884, S., 84.2.221 ; Cass , 18 juin 1889, S., 90.1.68. Y joindre : Aubry et Rau, III, § 261, texte et note 49, p 151 ; Duranton, XIX, n° 99; Guillouard, *op. cit.*, I, n° 362 ; Laurent, XXIX, n° 449; Martou, *op. cit.*, II, n° 443; Pont, *op. cit.*, I, n° 134 ; Valette, *Des Privilèges et Hypothèques*, n° 96; 3° les personnes qui ont fourni des aliments aux ouvriers travaillant à la récolte : Vitry le-François, jugement précité; Guillouard, *op. cit.*, I, n° 362 ; Dalloz, suppl¹, V° *Privilèges et Hypothèques*, n°s 143 et 322; 4° les fournisseurs de futailles destinées à loger une récolte de vin : Baudry-Lacantinerie, *Précis de Droit civil*, 5me édition, III, n° 1105; Guillouard, *op. cit.*, I, 365 ; Contrà : Bordeaux, 8 (et non 1er) janvier 1872, D., 73 2.14.

C'est pour remédier à cet état de choses que M. Griffe, tout en

que sur un mobilier dont la valeur ne dépasse guère
une annuité du bail. Ce n'est pas toujours exact, pour-
rions-nous d'abord répondre avec M. Labiche[1]. Ainsi,
c'est par 50,000 et 100,000 francs qu'on peut évaluer
dans les grandes fermes de la Beauce le capital d'exploitation pour des fermes dont le loyer ne dépasse
pas de dix à quinze mille francs. Est-il utile et équitable, quand un fermier a un capital de 100,000 francs
immobilisé dans une exploitation, d'affecter la totalité
de ce capital à la garantie d'un fermage de dix à
quinze mille francs ? Nous n'attacherons pas cepen-

étant partisan de la restriction du privilège du bailleur, exprimait
le désir de la compléter par les dispositions additionnelles suivantes : « Sont payées par préférence au propriétaire :

« 1° Les sommes dues par le fermier, pour engrais, semences et
tous autres frais de la récolte de l'année, sur le prix de cette récolte ;

« 2° Les sommes dues pour achat ou réparation d'instruments ou
ustensiles ;

« 3° Les sommes dues pour achat d'animaux ou de bestiaux attachés à l'exploitation ou à la culture, sur le prix de ces animaux
ou bestiaux... »

M. Labiche fit observer que les moyens indiqués par M. Griffe
pour développer le crédit du fermier étaient tous autres que ceux
que la Commission avait proposés. La Commission avait proposé
la restriction d'un privilège déjà existant, non la création de privilèges nouveaux. Pour ce qui touche le vendeur d'engrais, la fraude
serait possible au moyen d'une collusion entre le fermier et le vendeur d'engrais ; d'autre part, l'efficacité des engrais est souvent
douteuse ; son utilité ne dépend pas seulement de sa composition,
mais aussi de son mode d'emploi, de la nature du terrain. Peut-
être serait-il imprudent de garantir, sur le prix de la récolte, le
paiement de cette fourniture dont l'utilité ne pourrait être, dans la
plupart des cas, démontrée.

M. Griffe retira son amendement (séance du 2 février 1888).

[1] Labiche, discours au Sénat, séance du 2 février 1888.

dant une trop grande importance à cet argument, parce que les fermiers riches sont l'exception ; ce n'est pas à eux, d'ailleurs, que les banquiers refuseront de l'argent. Mais, même en dehors de cette hypothèse, le privilège ne nous paraît pas moins exorbitant, parce qu'il est inutile. Si le privilège se réduit en fait à la valeur d'un mobilier représentant une année de fermage, quelle est son utilité pour le surplus ? Il n'en a pas, avons-nous déjà dit. Donc, excessif au cas où le mobilier de la ferme a une grande valeur, inutile et inefficace au cas où cette valeur est inférieure à la créance garantie, le privilège doit être ramené à une plus juste proportion. Quelle doit être cette proportion ? C'est ce que nous examinerons dans notre troisième partie.

C'est également à la partie critique que nous renvoyons l'examen de la question de savoir dans quelle mesure la réduction du privilège à quatre années de fermages peut être utile au fermier. C'est en effet un point de réglementation et non une question de principe. Bornons-nous ici à reconnaître, avec les adversaires de la restriction, le bien fondé de leurs critiques en ce qui concerne le quantum de la réduction. Le privilège est encore trop étendu et sa restriction ne produit pas les résultats prévus. Mais conclure de cette insuffisance à l'inutilité de la réforme, c'est ce que nous ne pouvons admettre. Nous ne demandons pas, du reste, la suppression complète du privilège. Il y a, entre le quantum adopté par le législateur de 1889 et la suppression totale, un moyen terme capable de faire produire à la réforme tous les effets désirables. La garantie du bailleur réduite à quatre années de fermages est encore excessive : renfermée dans des limites plus étroites, elle satisfera pleinement au but poursuivi.

On a encore objecté que les propriétaires seraient portés à accorder moins de délais à leur fermier quand approcherait le moment où le montant du fermage ne serait plus garanti, en sorte que la loi tournerait contre le fermier. Voici ce que nous répondrons avec M. Maunoury, le rapporteur de la loi à la Chambre des Députés : « Cette objection n'a guère de portée. Il est rare de rencontrer des propriétaires accordant plus de trois années de délai, à moins qu'ils ne soient décidés à renoncer au paiement. D'autre part, c'est une question de savoir si les fermiers ont intérêt à ce que leurs bailleurs les laissent s'endetter aussi long-temps au risque de les exposer, en cas de changement de propriétaire, à des poursuites pour de fortes sommes exigibles. Il suit de là qu'il n'y a aucun danger à restreindre la garantie du propriétaire à quatre années de fermages[1]. » Ajoutons à cette considération le préjudice que le bailleur cause par sa faute aux créanciers du fermier, lorsqu'il laisse s'accumuler les fermages échus.

Enfin, disent nos contradicteurs, vous brisez l'unité des lois civiles. Vous soumettez le commerçant à une législation, le fermier à une autre, et vous laissez le fonctionnaire et le rentier sous l'empire du droit commun. De telles classifications fondées sur la différence de profession sont absolument contraires à l'esprit de nos lois modernes.

---

[1] *J. Of.* 31 mars 1889, ann. n° 3194, p. 547.

Cette critique serait juste si la réforme avait pour but de faire revivre les passe-droits de l'ancien régime. Mais, telle n'a pas été l'intention des législateurs de 1872 et de 1889. Ce qui les a déterminés, ce n'est pas seulement l'intérêt privé du commerçant ou du fermier, c'est aussi et surtout l'intérêt du commerce et de l'agriculture en général. C'est là certes une considération autrement grave que celle de savoir si la restriction du privilège du propriétaire rural aurait pour effet d'introduire un défaut d'harmonie dans la législation.

Remarquons, du reste, que la critique n'aurait plus aucune portée, si, comme nous le proposerons plus loin, le législateur traitait sur le même pied, *au point de vue du quantum de la restriction*, le locataire commerçant et le fermier. Il y a trop d'analogie entre la situation actuelle de l'un et de l'autre pour les soumettre à une législation distincte.

Nous nous demanderions même si, en raison des observations que nous avons présentées au début sur la théorie du gage appliquée au privilège du bailleur, tous les locataires sans exception ne devraient pas bénéficier de la restriction. Ce serait là assurément le moyen radical d'unifier la loi. Mais l'examen de cette question ne rentre pas dans notre thèse. Nous nous exposerions d'ailleurs à trop de récriminations [1].

---

[1] Cette réforme ne serait pas pourtant aussi hardie qu'elle le paraît. M. Labiche a proposé à deux reprises différentes de l'étendre à tous les preneurs sans distinction. « Nous avons pensé, dit-il dans son premier rapport (séance du 31 juillet 1883, annexe n° 464, *J. Off.* novembre 1883, p. 997), nous avons pensé qu'en raison de l'extension que nous avons donnée au projet, afin que les facilités

En résumé, les critiques contre le principe de la restriction du privilège ne sont pas aussi fondées qu'elles le paraissent. Nous reconnaissons leur justesse quand elles portent sur le quantum proposé, mais c'est là, avons-nous dit, plutôt une critique de réglementation qu'une attaque contre le principe lui-même. Pour le surplus, le principe conserve son entière efficacité.

Nous irons même plus loin et nous dirons : la restriction n'est pas seulement utile au fermier, elle profite aussi au propriétaire. En effet, les parties au contrat de louage, quoique ayant des intérêts distincts, doivent concourir à l'accomplissement d'une œuvre commune, à *l'amélioration du sol*. Tel est le desideratum du fermage. Mais cette amélioration exige de la part des parties contractantes certaines avances [1]. Or le propriétaire peut n'être pas assez riche pour

accordées au crédit modifié puissent profiter non seulement aux agriculteurs, mais encore à tous les citoyens, il y avait lieu de ne pas restreindre le bénéfice des dispositions nouvelles aux locations des fonds ruraux, d'en permettre au contraire l'application au profit de toutes les locations sans exception. »

Il reproduit la même idée dans son rapport supplémentaire du 6 décembre 1887. Le Gouvernement s'était même associé aux vœux de la Commission du Sénat; mais avant la discussion en séance publique, il se ravisa. Le texte de la Commission lui parut s'écarter de la pensée première qui avait inspiré la réforme. Il ne s'agissait pas, en effet, de légiférer sur le crédit mobilier en général, mais d'organiser le crédit agricole. La Commission déféra au désir du Gouvernement en supprimant la disposition.

[1] « Les meilleurs baux à ferme sont ceux qui permettent au fermier d'agir avec le maximum de capital nécessaire à chaque système de culture et de s'enrichir en enrichissant le sol. Pauvre fermier, pauvre terre, pauvre agriculture. » Lecouteux, *op. cit.*, II, p. 133.

procurer au fermier les capitaux dont il a besoin : il ne faut pas pour cela que sa terre reste improductive. D'autre part, il y a des améliorations qui ne peuvent être faites par les fermiers parce qu'ils sont immobilisés : ou bien le crédit nécessaire à l'exploitation leur fait défaut, ou bien, s'ils ont des capitaux, ils hésitent à les engager dans un bail de peur de voir un jour s'atténuer leur crédit. Il faut donc que les fermiers puissent agir sans obstacle : « C'est en laissant aux fermiers le plus de capitaux disponibles pour l'exploitation culturale que les propriétaires verront s'accroître la plus-value de leurs domaines, car pour un fermier, le gros capital d'exploitation, c'est la source de gros profits, et les gros profits du fermier, ce sont tôt ou tard les gros fermages pour le propriétaire [1]. » Cette liberté d'action dont le fermier a besoin, c'est dans la restriction du privilège du bailleur qu'il la trouve en grande partie. Et ainsi, sommes-nous amené à conclure, se trouvent solidarisés, se trouvent conciliés les deux intérêts antagonistes que le fermage met en présence : d'une part, le capital foncier représenté par le propriétaire ; d'autre part, le capital d'exploitation représenté par le fermier.

Ayant ainsi étudié la restriction du privilège dans son principe, et après en avoir montré l'utilité et les causes, nous allons voir maintenant comment le législateur a mis ce principe en application dans les lois du 12 février 1872 et du 19 février 1889. Nous ferons précéder chacune de ces deux lois d'un bref historique.

[1] Lecouteux, *op. cit.*, II, p. 44.

DEUXIÈME PARTIE

CHAPITRE PREMIER

LOI DU 12 FÉVRIER 1872

SECTION I. — **Historique**.

Sous le Code civil, l'article 2102,1°, s'appliquait au cas de faillite comme au cas de déconfiture. A défaut de toute règle spéciale, le bailleur pouvait exercer son privilège dans toute son étendue, sans qu'il y eût à distinguer entre les diverses causes de liquidation des biens du locataire.

Le Code de 1807 n'apporta aucune modification aux droits du propriétaire. Le bailleur pouvait donc, malgré la faillite de son débiteur, réaliser son gage, en provoquant la vente des meubles affectés à son privilège ou en continuant les poursuites commencées.

Ce droit du propriétaire était d'ailleurs en parfaite harmonie avec les principes généraux de la faillite qui conservent à tout créancier privilégié ou hypothécaire le droit de faire vendre le bien qui garantit sa créance.

Mais la pratique avait montré les inconvénients

qui pouvaient résulter de l'usage immodéré d'un tel
droit : la saisie et la vente des objets servant à l'exploitation du fonds de commerce interrompaient forcément cette exploitation ; de là, diminution de valeur
du fonds de commerce, et, par suite, grave préjudice
pour la masse des créanciers qui avaient le plus souvent intérêt, au moyen du concordat, à replacer le
failli à la tête de ses affaires (art. 470, C. com.). Aussi,
le législateur de 1838, dans l'article 450, s'était-il
efforcé de concilier les intérêts de la masse avec le
droit du bailleur, en décidant que l'exercice de ce droit
serait suspendu pendant trente jours à compter du
jugement déclaratif de faillite. Ce délai était accordé
au failli et à ses créanciers, afin de leur laisser le
temps de se procurer les fonds nécessaires pour désintéresser le propriétaire. Jusqu'en 1872, l'article 450 a
été la seule disposition relative au privilège du bailleur en cas de faillite du preneur. Elle ne réglait
expressément que le droit de poursuites du propriétaire [1].

En l'absence d'autre texte, le bailleur pouvait donc
se faire colloquer par privilège, aux termes de l'article 2102,1°, pour toutes les créances nées du bail, et,
notamment, pour tous les loyers échus et à échoir, si
le bail avait date certaine, et pour une année à partir
de l'expiration de l'année courante, si le bail n'avait
pas date certaine. Les syndics n'avaient le droit de
relocation que si le bailleur était complètement désin-

---

[1] Renouard, *Traité des Faillites et Banqueroutes*, II, pp. 405 et
suiv.; Demangeat sur Bravard, *Traité de Droit commercial*, V,
pp. 142 et suiv.

téressé et s'il n'y avait pas interdiction de sous-
louer.

Cette législation avait soulevé de violentes critiques
à cause des graves inconvénients qu'elle suscitait
dans la liquidation des faillites.

Deux questions s'étaient posées :

1° Le jugement déclaratif de faillite entraînait-il
de plein droit la résiliation du bail ?

2° La déclaration de faillite avait-elle pour effet
de rendre immédiatement exigibles tous les loyers à
échoir ?

Sur la première question, la pratique avait adopté
la négative. Aucun texte, en effet, ne prononçait la
résiliation. La faillite a toujours laissé intacts les
contrats passés par le failli, sauf l'application des
art. 446 et 447 du Code de commerce. Le propriétaire
ne pouvait demander la résiliation qu'en cas d'inexécution du contrat, par exemple, s'il n'était pas payé
des loyers auxquels il avait droit, ou s'il y avait eu
abus de jouissance de la part du preneur [1].

Grave controverse, au contraire, sur la seconde
question, dont la solution dépendait, dans une certaine mesure, soit de la nature exacte que l'on recon-
naissait à la créance des loyers, soit de la portée que
l'on attribuait aux art. 444 C. com. et 1188 C. civ.

Par application de ces deux derniers articles, la
Cour de cassation et quelques auteurs [2] décidaient que

---

[1] Paris, 16 mars 1847, D., 1847.2.170 ; Paris, 27 novembre 1862,
D., 1843.2.12 ; Rouen, 23 décembre 1864, D.. 1865.2.161.

[2] Desjardins, *Revue critique,* 1866, t. XXIX, p. 1 ; Aubry et Rau,
t. III, § 261.

la dette du locataire était une dette actuelle, affectée d'un terme et seulement soumise à une condition résolutoire pour le cas où le bailleur ne satisferait point à son obligation de prester au preneur la jouissance de l'immeuble loué jusqu'à la fin du bail.

Le contrat de louage est un contrat synallagmatique (arg. 1709, C. civ.). Il donne naissance, dès sa formation, à deux obligations corrélatives, consistant : l'une, de la part du bailleur, à fournir la jouissance des lieux loués; l'autre, de la part du preneur, à payer au bailleur son prix de location aux termes convenus.

De plus, comme dans tout contrat synallagmatique, l'obligation du preneur, de même que celle du bailleur, est affectée d'une condition résolutoire tacite, pour le cas où l'une ou l'autre des parties ne satisferait point à ses engagements (art. 1184 C. civ.).

Mais cela n'empêche pas la dette du locataire d'être une dette actuelle; elle naît avec le contrat, son existence est liée à celle du contrat *ab initio*. Ce qui le prouve, c'est que si les loyers sont stipulés payables à l'avance, on ne peut pas dire qu'il y ait paiement de l'indû, ce qui devrait être pourtant, si la dette était simplement conditionnelle. D'autre part, la loi, dans les art. 1722 et 1741, emploie les termes de *résiliation*, de *résolution* ; ces expressions évoquent bien l'idée d'une existence antérieure; on ne saurait résoudre ni résilier ce qui n'a pas existé.

Seulement la dette est différée par un terme qui est accordé au preneur pour payer son prix. La créance du bailleur est donc une créance à terme (art. 1728 C. civ.).

Or, c'est un effet de la faillite de rendre exigibles

toutes les créances à terme (444 C. com., 1188 C. civ.).
Tous les loyers non échus deviennent donc exigibles ;
le bailleur a le droit d'en demander le paiement immédiat et d'exercer, en vue de ce paiement, toutes poursuites sur les meubles grevés de son privilège. A
défaut, il peut demander la résiliation du bail.

Enfin le texte de l'art. 2102 est formel ; il donne au
bailleur le droit de se faire payer les loyers à échoir.
Il considère donc sa créance comme une créance à
terme rendue exigible par la faillite.

Tel était, succinctement exposé, le système de la jurisprudence.

Ce système, elle l'avait confirmé par de nombreux
arrêts [1] et l'avait même poussé successivement à ses
dernières conséquences.

Un arrêt de la Cour de cassation de 1858 décide que
le droit du bailleur d'exiger le paiement des loyers
échus et à échoir ne peut être arrêté par l'offre d'une
caution ou d'une hypothèque [2].

Les fameux arrêts de 1865 paraissent fixer définitivement la théorie de la jurisprudence [3].

Le recueil de Sirey les résume ainsi [4] :

« En cas de faillite du locataire, tous les loyers,
« même ceux à échoir, deviennent exigibles ; à défaut

---

[1] Voir ces arrêts rapportés dans Dalloz, supplément au Réper-
toire, Vis *Faillites et Banqueroutes,* n° 113.

[2] 28 décembre 1858, D., 1859.1.63.

[3] 28 mars 1865, S., 65.1.201, et note de M. Moreau ; S., 1865.1.
206. Ces deux arrêts avaient cassé deux arrêts de la Cour de Paris :
l'un du 12 décembre 1861, D., 1862.2.249, et l'autre du 26 juin 1863,
D., 1863.2.247.

[4] Arrêts précités du 28 mars 1865.

« par le failli ou le syndic de ses créanciers d'en
« effectuer le paiement immédiat ou la consignation,
« le bailleur est fondé à demander la résiliation du
« bail, et cette résiliation doit être prononcée par le
« juge, bien qu'il estime que, malgré la faillite, le
« bailleur conserve pour le paiement des loyers à
« échoir des garanties suffisantes, notamment à rai-
« son de ce que les lieux loués restent garnis de mo-
« bilier et de marchandises, comme antérieurement à
« la faillite (C. civ., 1184, 1188, 1741 et 2102 ;
« C. com. 444).

« Le bailleur peut, à raison de l'exigibilité des lo-
« yers par le résultat de la faillite, exercer pour la
« totalité de ces loyers échus et à échoir, lorsque le
« bail a date certaine, son privilège sur le mobilier
« garnissant les lieux loués, et, si le prix de la vente
« du mobilier est insuffisant, il a droit à la résilia-
« tion du bail pour la durée du temps dont les loyers
« ne lui auraient pas été comptés ou n'auraient pas
« pas été consignés.

« Après l'adjudication faite à un tiers à la requête
« du syndic, du droit au bail ainsi que du mobilier
« garnissant les lieux loués, le bailleur doit obtenir
« sa collocation sur le prix de l'adjudication pour la
« totalité des loyers échus et à échoir, et, à défaut, la
« résiliation du bail.

« Il en est ainsi, alors même qu'aucune clause du
« bail n'interdisait au locataire la cession du bail ou
« la sous-location. Le droit des créanciers, après la
« faillite, se borne à la relocation permise par l'art. 2102
« du Code civil et dont la condition est le paiement
« qu'ils sont tenus de faire au bailleur par anticipa-
« tion des loyers à échoir.

« La résiliation, à défaut du paiement ou de la
« consignation des loyers, doit être prononcée sur la
« demande du bailleur, bien que l'adjudicataire du
« droit au bail soit également acquéreur du mobilier
« et que ce mobilier reste dans les lieux loués. »

Enfin, deux arrêts de la Chambre des Requêtes et
de la Chambre Civile vont encore plus loin : d'après
ces arrêts, l'offre d'une consignation, avec faculté pour
le bailleur de toucher les loyers au fur et à mesure
de leur échéance, ne suffit même plus pour suppléer
au paiement des loyers à échoir [1].

La théorie de la jurisprudence reposait évidemment sur des idées parfaitement juridiques. Mais, à
l'inverse de ce qui a lieu ordinairement, elle sacrifiait
trop aux principes au détriment de l'équité. Par contre, la doctrine, en grande majorité, avait pris fait et
cause pour l'intérêt qui lui paraissait le mieux justifié
et le plus général, c'est-à-dire pour l'intérêt du failli
et de ses créanciers.

L'interprétation de la jurisprudence, en effet, entraî-
nait le plus souvent des conséquences désastreuses
pour la masse des créanciers. Ces conséquences, nous
les connaissons.

En présence d'un bail long et cher, le prix total
des marchandises garnissant le magasin du failli,
c'est-à-dire le plus net de l'actif des faillites, se trouvait absorbé par le propriétaire ; ainsi, alors que les
autres créanciers devaient se contenter d'un dividende
souvent illusoire, le bailleur seul était complètement

---

[1] Requête 15 juillet 1868, D., 1872.1.95; S., 1869.1.13; Cass.,
16 février 1870, D., 1870.1.260 ; S., 1870.1.318.

désintéressé et pouvait même réaliser un bénéfice injustifié.

En outre il était impossible le plus souvent d'aboutir à un concordat.

En un mot, la théorie de la jurisprudence ruinait les créanciers de la faillite et enrichissait le bailleur. C'était inique et scandaleux.

Aussi, beaucoup de jurisconsultes avaient-ils essayé de réagir en attaquant directement le principe même qui servait de base à cette théorie.

Pour eux, la créance du bailleur n'est pas une créance à terme.

Suivant les uns [1], la dette des loyers n'est qu'une dette sous condition suspensive; la condition consiste dans l'obligation par le bailleur de prester la jouissance au preneur. Or, l'obligation du bailleur est future et incertaine, car elle ne s'accomplira que si la chose louée ne périt pas avant la fin du bail. L'obligation du preneur étant de la même nature que celle du bailleur, puisqu'elle lui est corrélative et lui sert de cause, doit être aussi conditionnelle. Le preneur ne devra donc ses loyers qu'au fur et à mesure de la jouissance procurée (arg. art. 586, C. civ.).

On évitait ainsi les effets désastreux de la théorie de la jurisprudence, puisque les créances conditionnelles ne deviennent pas exigibles par la faillite ou la déconfiture.

---

[1] Mourlon, note dans Dalloz, D., 1865.1.201; Boistel, *Droit commercial*, n° 926; Valette, *Privilèges et Hypothèques*, I, p. 66; Pont, *Privilèges et Hypothèques*, I, n° 124; Bertin, journal *Le Droit*, 14, 16 et 17 décembre 1861 et 12 mai 1865; Demangeat sur Bravard, *op. cit.*, V, p. 141.

Pour d'autres[1], la dette n'est ni pure et simple, ni à terme, ni conditionnelle, elle est successive. Elle naît, non par le fait seul du contrat, mais par le fait de la jouissance fournie. Or, l'obligation du locateur ne peut s'exécuter tout d'un coup, en une seule fois ; la jouissance qui doit être fournie ne peut l'être que successivement et à mesure que le temps s'écoule. Par conséquent, la dette des loyers à échoir n'étant qu'éventuelle et actuellement dépourvue d'existence, il ne peut être question de la déclarer exigible, à raison de la faillite.

Ces systèmes n'arrivèrent pas à désarmer la jurisprudence. La loi était mauvaise, mais elle était interprétée conformément aux principes.

La théorie de la condition suspensive avait le tort de confondre la cause de l'obligation avec une de ses modalités ; la prestation de la jouissance par le bailleur n'est pas une simple modalité du contrat de louage, une condition ; elle en est un des éléments essentiels ; elle en est la cause, sinon il faudrait admettre que toute obligation née d'un contrat synallagmatique est sous condition suspensive.

La créance du locateur n'est pas non plus une créance future et éventuelle. La créance future n'a aucune existence actuelle. Sa naissance est subordonnée à la volonté des parties, qui ne sont même pas liées par l'arrivée de tel ou tel événement, comme elles le seraient dans l'obligation conditionnelle. Au contraire, la créance du bailleur existe actuellement

---

[1] Thiercelin, note au Dalloz, 1862.2.1, et *Revue critique de législation*, t. XXX, p. 37 ; Laurent, t. XXIX, p. 427.

dès le jour du contrat ; il doit la jouissance au preneur, qui, de son côté, est obligé au paiement du prix ; l'exécution de ces obligations seule est retardée.

Enfin, même parmi ceux qui reconnaissaient à la dette des loyers le caractère d'une dette à terme, plusieurs avaient tenté d'établir qu'il ne suivait pas forcément de là que la faillite dût, dans tous les cas, autoriser le bailleur à exiger le paiement des loyers à échoir[1]. Ils faisaient la distinction suivante :

Ou bien le bailleur se présente dans la faillite comme créancier ordinaire : dans ce cas, il pourra se prévaloir des articles 444 C. com. et 1188 C. civ. qui ne distinguent pas entre les créanciers privilégiés et les créanciers chirographaires. Par suite de la liquidation des biens du failli, toutes les dettes sont devenues exigibles. Dès lors, le bailleur se fera colloquer, sur les biens vendus par le syndic, pour le paiement des loyers à échoir, par préférence sur les biens qui sont grevés de son privilège et par contribution sur les autres biens du failli.

Ou bien le bailleur poursuit seul, et en dehors du syndic, la vente des meubles qui lui servent de gage. Dans ce cas, il ne peut plus invoquer l'exigibilité anticipée que produit la faillite. En effet, si la faillite entraîne la déchéance du terme, c'est parce que le failli n'offre plus de garanties actuelles suffisantes, sa solvabilité future est mise en suspicion. Or, telle n'est point sa situation vis-à-vis du bailleur qui n'a rien à craindre, tant que les objets affectés à son privi-

---

[1] Demolombe, t. XXV, n° 658.

lège garnissent les lieux loués. De plus, l'exigibilité anticipée a pour but de faciliter la liquidation des biens du failli dans l'intérêt de la masse et d'établir l'égalité entre les créanciers. Si donc, le bailleur exerce des poursuites individuelles, il se met en dehors de la faillite, il ne peut plus profiter de ses effets, il n'a droit qu'aux loyers échus.

Et il en sera ainsi tant que ses sûretés ne seront pas diminuées, par exemple, si la faillite aboutit à un concordat. Si, au contraire, les meubles qui lui servent de garantie sont réalisés, ce qui arrive au cas où la faillite se termine par l'état d'union, le bailleur pourra invoquer son privilège pour les loyers à échoir.

Cette théorie, pas plus que les précédentes, n'avait réussi à ébranler la Cour de cassation dans l'application qu'elle faisait de la loi.

De son côté, le monde des affaires, à raison des graves intérêts que la question mettait en jeu, avait, à plusieurs reprises, protesté contre les défectuosités d'une telle législation.

Le 7 décembre 1860, M. Courbet-Poulard, auteur de la proposition de loi qui nous occupe, se récriait hautement, dans un discours prononcé devant le Tribunal de commerce d'Abbeville, contre le privilège désastreux du bailleur. « Nous nous en voudrions, « disait-il, de ne pas dénoncer une fois encore tout « ce que nous a paru avoir d'exorbitant dans son « application, en matière de faillite, le privilège « constitué par l'article 2102 du Code civil, en faveur « du propriétaire qui se présente, muni d'un long « bail, dûment enregistré, surtout quand ce bail porte

« sur un immeuble important et stipule dès lors un
« prix élevé de location. »

Le 6 juillet 1861, M. Denière, président du Tribunal
de commerce de la Seine, ne s'élevait pas avec moins
de force contre les décisions judiciaires qui consa-
craient les prétentions des propriétaires. « Sans nous
« appesantir sur les conséquences de ces décisions,
« qui, entre autres résultats regrettables, mettent
« aux mains des propriétaires, avec le capital de la
« créance non échue, les intérêts de ce capital, nous
« ferons remarquer que, si la législation, telle qu'elle
« est interprétée, était maintenue, l'actif des faillites
« serait menacé de disparaître en entier, et la ruine
« de la généralité des masses serait fatalement con-
« sommée[1]. »

Enfin, M. l'avocat général Blanche, dans le discours
qu'il prononçait à l'audience de rentrée de la Cour de
cassation, le 4 novembre 1864, se faisait l'écho des
réclamations du commerce contre les droits exorbitants
du propriétaire et appelait sur ce point une réforme
législative.

Les arrêts de 1865, en aggravant la situation, devaient hâter cette réforme.

Le 28 décembre 1867, le Gouvernement présentait
au Corps législatif un projet de loi destiné à faire disparaître les inconvénients signalés. Mais la commission du Corps législatif ne put s'entendre avec le Conseil d'État, et le projet était encore à l'étude lorsque
l'Empire disparut.

Les nombreux sinistres commerciaux qui furent la

---

[1] *Gazette des Tribunaux,* 11 juillet 1861.

conséquence inévitable des événements de 1870-71 rendaient plus que jamais nécessaire l'intervention du législateur.

Aussi le 7 avril 1871, M. Courbet-Poulard déposait à l'Assemblée Nationale une proposition de loi ayant pour but la réduction du privilège du bailleur d'immeubles affectés à une destination industrielle ou commerciale, en cas de faillite du locataire. Cette proposition, sur laquelle M. Delsol a fait un remarquable rapport, fut étudiée, discutée et votée dans la séance du 12 février 1872 [1].

Voici le texte de la loi :

Article 1ᵉʳ. — Les articles 450 et 550 du Code de commerce sont modifiés et remplacés par les dispositions suivantes :

450. — Les syndics auront, pour les baux affectés à l'industrie ou au commerce du failli, y compris les locaux dépendant de ces immeubles et servant à l'habitation du failli et de sa famille, huit jours, à partir de l'expiration du délai accordé par l'article 492 du Code de commerce aux créanciers domiciliés en France, pour la vérification de leurs créances, pendant lesquels ils pourront notifier au propriétaire leur intention de continuer le bail, à la charge de satisfaire à toutes les obligations du locataire.

Cette notification ne pourra avoir lieu qu'avec

[1] Proposition de M. Courbet-Poulard, 7 avril 1871 (*Officiel* 19 et 24 avril, n° 114). Rapport de M. Delsol, 31 juillet 1871 (*Officiel* 22 août, n° 438). Rapport supplémentaire et adoption de la loi, 3 janvier et 12 février 1872 (*Officiel* 19 février, n° 770).

l'autorisation du juge commissaire et le failli entendu.

Jusqu'à l'expiration de ces huit jours, toutes voies d'exécution sur les effets mobiliers servant à l'exploitation du commerce ou de l'industrie du failli et toutes actions en résiliation du bail seront suspendues sans préjudice de toutes mesures conservatoires et du droit qui serait acquis au propriétaire de reprendre possession des lieux loués.

Dans ce cas, la suspension des voies d'exécution établie au présent article cessera de plein droit.

Le bailleur devra, dans les quinze jours qui suivront la notification qui lui sera faite par les syndics, former sa demande en résiliation.

Faute par lui de l'avoir formée dans ledit délai, il sera réputé avoir renoncé à se prévaloir des causes de résiliation déjà existantes à son profit.

550. — L'article 2102 est ainsi modifié à l'égard de la faillite : si le bail est résilié, le propriétaire d'immeubles affectés à l'industrie ou au commerce du failli aura privilège pour les deux dernières années de location échues avant le jugement déclaratif de faillite, pour l'année courante, pour tout ce qui concerne l'exécution du bail et les dommages-intérêts qui pourraient lui être alloués par les tribunaux.

Au cas de non-résiliation, le bailleur, une fois payé de tous les loyers échus, ne pourra pas exiger le paiement des loyers en cours ou à échoir si les sûretés qui lui ont été données sont maintenues ou si celles qui lui ont été fournies depuis la faillite sont jugées suffisantes.

Lorsqu'il y aura vente et enlèvement des meubles

garnissant les lieux loués, le bailleur pourra exercer son privilège, comme au cas de résiliation ci-dessus, et en outre, pour une année à échoir à partir de l'année courante, que le bail ait ou non date certaine.

Les syndics pourront continuer ou céder le bail pour tout le temps restant à courir, à la charge par eux ou leurs cessionnaires de maintenir dans l'immeuble gage suffisant, et d'exécuter, au fur et à mesure des échéances, toutes les obligations résultant du droit ou de la convention, mais sans que la destination des lieux loués puisse être changée. Dans le cas où le bail contiendrait interdiction de céder le bail ou de sous-louer, les créanciers ne pourront faire leur profit de la location que pour le temps à raison duquel le bailleur aurait touché ses loyers par anticipation, et toujours sans que la destination des lieux loués puisse être changée.

Article 2. — La présente loi ne s'appliquera pas aux baux qui, avant sa promulgation, auront acquis date certaine. Toutefois, le propriétaire qui, en vertu desdits baux, a privilège pour tout ce qui est échu et tout ce qui est à échoir, ne pourra exiger par anticipation les loyers à échoir, s'il lui est donné des sûretés suffisantes pour en garantir le paiement.

La rédaction de la loi laisse fort à désirer au point de vue de la clarté. Nous allons essayer d'en dégager les idées essentielles en étudiant successivement : les cas d'application de la loi, les effets de la faillite au point de vue de la résiliation du bail, l'étendue du privilège et le droit de relocation qui appartient aux créanciers. Ce sera l'objet d'autant de sections.

Section II. — Cas d'application de la loi
du 12 février 1872.

I. — La loi du 12 février 1872 étant une déroga-
tion au droit commun doit s'appliquer exclusivement
au cas de faillite du locataire commerçant. Les travaux préparatoires [1], l'esprit de la loi et son texte
lui-même suffisent à le démontrer.

Il ne fait aucun doute cependant qu'elle ne s'applique aussi lorsque le preneur est un liquidé judiciaire.
La liquidation judiciaire, en effet, n'est au fond qu'une
faillite atténuée. En l'organisant, la loi du 4 mars 1889
a voulu favoriser le commerçant malheureux et de
bonne foi qui a cessé ses paiements. Pour atteindre
ce but, le législateur l'a soumise à une procédure
spéciale ; mais il n'en est pas moins vrai que cette
procédure, comme celle de la faillite, a pour point de
départ un fait juridique identique : la cessation des
paiements. Aussi, s'est-il borné à renvoyer pour le
surplus (sauf, toutefois, pour certains points qu'il a
réglementés spécialement, tels que le dessaisissement
du liquidé et les déchéances qu'il encourt) à l'article 24 ainsi conçu : « Toutes les dispositions du Code
de commerce qui ne sont pas modifiées par la présente
loi continueront à recevoir leur application en cas de
liquidation judiciaire, comme en cas de faillite. »

Les dispositions de la loi de 1872 doivent donc être
étendues à la liquidation judiciaire. Nous verrons

[1] Rapport Delsol.

d'ailleurs que la loi du 4 mars 1889 a spécialement prévu les formes de la notification à faire au propriétaire au sujet de la continuation du bail.

En dehors de là, et sauf la nouvelle restriction apportée par la loi du 19 février 1889, l'article 2102,1°, conserve son empire pour tous les autres cas où il y a lieu à une distribution de deniers entre les créanciers du locataire insolvable, notamment en cas de déconfiture.

Par conséquent la loi de 1872 est inapplicable lorsqu'il est intervenu entre le preneur, même commerçant, et ses créanciers, un contrat d'atermoiement. Malgré une jurisprudence contraire et l'avis de nombreux auteurs, le traité de sursis ne saurait être régi par les règles de la faillite qu'il a précisément pour but d'éviter. En effet, à la différence du concordat judiciaire, il doit être consenti par l'unanimité des créanciers et n'a pas besoin d'être homologué. C'est un contrat de droit commun conclu entre un débiteur et ses créanciers, abstraction faite de toute idée de faillite, et comme tel, soumis aux principes du Code civil (art. 1165 C. civ.) [1].

Mais, objecte-t-on, s'il en est ainsi, les créanciers auront toujours intérêt à faire déclarer la faillite du locataire, puisque c'est le seul moyen pour eux de se soustraire aux exigences du propriétaire. C'est vrai : mais est-ce une raison suffisante pour sacrifier les intérêts légitimes des créanciers aux prétentions exorbitantes du bailleur ? D'ailleurs la crainte de voir ses droits diminués par la faillite ne déterminera-t-elle

---

[1] Lyon-Caen et Renault, II, n°s 2396 et 2937.

pas le plus souvent le propriétaire à transiger et
accepter le contrat d'atermoiement?

Ajoutons que le législateur voit d'un très mauvais
œil ces traités de sursis qui ne sauvegardent pas
assez les intérêts de la masse des créanciers, et qu'il
a même essayé d'y remédier dans une certaine mesure
en votant la loi du 4 mars 1889.

II. — La loi de 1872 ne concerne que les *immeubles*
affectés au commerce ou à l'industrie du locataire
failli, y compris les locaux en dépendant et servant
à l'habitation du failli et de sa famille.

Si l'article 550 n'est pas assez explicite sur ce point,
l'article 450, qui précise, dès le début, la portée de
la loi, ne laisse aucun doute à cet égard.

La pensée du législateur a, du reste, été fort bien
interprétée par le rapporteur de la loi. Plusieurs membres de la commission ayant demandé que la loi
s'appliquât à tous les baux faits par un commerçant,
que les immeubles fussent ou non affectés au commerce ou à l'industrie du failli, M. Delsol justifia
ainsi la distinction qui a prévalu : « Lorsque les
« biens loués à un commerçant sont affectés à son
« commerce ou à son industrie, la réduction se com-
« prend et se justifie. C'est, en effet, en vue de ce
« commerce ou de cette industrie que les créanciers
« ont fait confiance au débiteur ; c'est dans ces locaux
« que les marchandises sont entrées, et lorsque le
« conflit vient à éclater entre eux et le propriétaire,
« il est tout naturel que les marchandises livrées par
« eux et non payées ne deviennent pas le gage exclu-
« sif du bailleur. »

Aux immeubles affectés au commerce ou à l'industrie, la loi ajoute les locaux en dépendant et consacrés à l'habitation personnelle du failli et de sa famille. C'est qu'en effet, ces locaux peuvent être considérés comme l'accessoire des magasins ou ateliers où s'exploite le commerce ou l'industrie, et qu'il n'y a pas lieu, dès lors, de leur appliquer des règles différentes ; la loi ne distinguant pas, il en serait ainsi alors même que le bail des locaux de l'habitation et celui des magasins ou ateliers auraient été faits à une date différente.

Lorsque le commerçant n'a ni magasins ni ateliers, mais seulement des bureaux, comme un armateur, un banquier, faut-il appliquer les dispositions de la loi de 1872 ?

Nous distinguerons :

Si le bureau est indépendant de l'appartement du failli, et quoique nous ne rencontrions pas ici les motifs qui les ont fait édicter, nous appliquerons les règles posées par les nouveaux articles 450 et 550. L'armateur, le banquier sont des commerçants, et leur bureau est « *affecté spécialement à leur commerce* ». L'interprétation textuelle de la loi nous paraît donc ici la meilleure.

Si, au contraire, le bureau constitue une dépendance de l'appartement du failli, l'article 2102,1*, reprend son empire. Le bureau n'est alors que l'accessoire de l'habitation. L'accessoire suivant le sort du principal, on appliquera les règles relatives au bail du principal, c'est-à-dire au bail de l'habitation.

Le texte de la loi est limitatif, il doit s'interpréter

restrictivement. Il en résulte que, pour tous les autres cas, nous retombons dans le droit commun. Donc, pour les immeubles n'ayant pas une destination industrielle ou commerciale ou bien séparés des magasins du failli, une maison de campagne, par exemple, l'article 2102,1°, demeure applicable comme pour les baux faits à un non-commerçant.

Remarquons, en terminant, qu'avec la nouvelle limitation apportée par la loi du 19 février 1889 au privilège du bailleur d'un fonds rural, le champ d'application de l'article 2102,1°, se trouve ainsi singulièrement restreint.

III. — Pour déterminer l'étendue de la créance du bailleur, la loi de 1872 ne distingue plus entre les baux authentiques ou sous seings privés ayant date certaine et les baux sans date certaine.

La créance du bailleur étant limitée, il n'y avait plus à craindre les fraudes qui avaient motivé la distinction établie par l'article 2102 [1].

Toutefois, par application du principe de la non-rétroactivité, la loi demeure inapplicable aux baux ayant acquis date certaine avant sa promulgation (art. 2). On ne pouvait étendre ce bénéfice aux baux sans date certaine, puisque rien ne démontrait la sincérité de leur existence au moment de la promulgation de la loi.

Le principe de la non-rétroactivité s'applique à

[1] La loi du 23 août 1871 ayant soumis, d'une manière générale, tous les baux à la formalité de l'enregistrement dans un délai de rigueur, on peut dire qu'ils ont presque tous aujourd'hui date certaine.

toutes les dispositions contenues dans les articles 450 et 550. La loi n'y apporte qu'une seule exception : l'article 2, *in fine,* décide, en effet, que le bailleur (quoique muni d'un bail à date certaine) ne pourra exiger le paiement par anticipation des loyers à échoir s'il lui est donné des garanties suffisantes pour en assurer le paiement. Cette disposition, qui rompt ouvertement avec la jurisprudence adoptée auparavant par la Cour de cassation sur l'interprétation de l'article 444 du Code de commerce, consacre ainsi la doctrine qui se montrait le plus favorable aux intérêts de la masse, en repoussant l'exigibilité anticipée des loyers.

SECTION III — **Des effets de la faillite au point de vue de la résiliation du bail.**

Avant d'examiner en détail les modifications essentielles apportées par les nouveaux articles 450 et 550, il est bon de dégager au préalable le principe qui leur sert de point de départ.

L'idée dominante de la loi, c'est la substitution de plein droit et en vertu du jugement déclaratif seul, de la masse des créanciers au locataire failli. La masse, nouveau preneur, prend, en face du propriétaire, la place du débiteur, locataire primitif. La loi considère que la collectivité des créanciers étant un être solvable peut, sans lésion d'aucun droit et sous la seule condition de satisfaire aux obligations du locataire et d'offrir les sûretés suffisantes, désarmer le propriétaire et lui ôter toute cause de réclamation actuelle. Le bailleur étant ainsi mis hors de cause, la loi s'occupe de régler au mieux les intérêts qui lui paraissent le plus dignes de protection.

De ce transport du bail du failli à la masse résultent les conséquences suivantes :

1° Le syndic pourra, suivant l'intérêt des créanciers de la faillite, continuer le bail ou le céder.

La substitution de la masse au failli dans l'exercice du bail a lieu alors même que le contrat contient prohibition de sous-louer ; le syndic ne peut pas céder le bail sans le consentement du propriétaire, mais il peut l'entretenir au nom et pour le compte des créanciers.

2° Le propriétaire ne peut plus invoquer la déchéance du terme, puisque la masse, nouveau preneur, offre toutes les garanties de solvabilité désirables et n'est pas débiteur failli.

Tel est, succinctement, le but de la loi : éviter ou plutôt corriger les effets désastreux de la faillite en la considérant comme n'ayant jamais existé ; rétablir ou plutôt maintenir l'ancien état des choses en supposant que le locataire primitif, remplacé par un nouveau débiteur solvable, a toujours satisfait à ses engagements. D'une part, le propriétaire ne peut pas se plaindre ; les clauses du contrat sont respectées, ne subissent aucune atteinte. D'un autre côté, la masse et le failli lui-même y trouvent leur avantage, puisqu'ils peuvent, soit négocier un concordat à des conditions plus avantageuses, soit compter finalement sur un meilleur dividende à la suite de l'union.

La substitution de la masse au failli permettant de continuer l'exploitation, le locataire primitif sera replacé, au moyen du concordat, à la tête de ses

affaires : de telle sorte que le bail lui fera retour et
suivra désormais son cours normal, comme s'il n'avait
jamais été interrompu, sans que le propriétaire puisse
exiger par anticipation les loyers à échoir ; la faillite
a cessé, les magasins sont toujours munis du gage
suffisant ; il n'est donc fondé en aucune façon à
invoquer la déchéance du terme. Le contrat de
louage sort ainsi sain et sauf du mauvais pas de la
faillite.

Si, au contraire, la faillite se termine par l'union,
la masse, subrogée au failli, pourra céder le bail à un
tiers avec le fonds garni de ses marchandises ou que
ce tiers garnira lui-même (arg. art. 532, C. com.).
Ici encore le bail se poursuivra, à la condition toutefois qu'il n'y ait pas de clause interdisant la sous-
location. Dans cette hypothèse comme dans la précé-
dente, rien n'autorise le bailleur à prétendre obtenir
des avances sur les loyers futurs. Les garanties sont
maintenues et le cessionnaire du bail n'a qu'à exécuter les obligations résultant de la convention au fur et
à mesure des échéances.

Toutefois cette continuation intérimaire du bail
par la masse ou bien sa cession à un tiers ne sont
possibles que sous certaines conditions. Il faut :

1° Qu'il n'y ait pas de causes de résiliation résultant, soit du droit commun [1], soit de la volonté des
parties [2] ;

2° Que le contrat ne contienne aucune interdiction

---

[1] Art. 1184, 1729, 1741 et 1752, C. civ.

[2] Par exemple, la clause que le seul fait de la faillite entraînerait
de plein droit la résiliation du bail.

de céder le bail ou de sous-louer (art. 550, C. com.);

3° Que la masse ou le cessionnaire du bail paie : d'abord les loyers échus[1] et tout ce qui concerne l'exécution du bail ; puis les loyers à échoir à mesure de leur exigibilité ;

4° Enfin, qu'il n'y ait pas vente des meubles garnissant les lieux loués.

Telle est l'économie de la loi ; favoriser la continuation du bail, au profit soit de la masse, soit du failli lui-même, soit d'un tiers cessionnaire, afin d'éviter l'anticipation des termes échus et de les purger d'une exigibilité qui s'était produite du chef du failli[2].

Nous allons maintenant essayer de justifier le point de vue auquel s'est placé le législateur de 1872 en étudiant en détail les nouvelles règles qu'il a introduites dans les articles 450 et 550.

Nous nous occuperons successivement, dans cette section, de la continuation du bail, de sa résiliation et de la suspension des voies d'exécution.

§ I. — *Continuation du bail.*

En principe, ainsi qu'on vient de le voir, la faillite n'entraîne pas de plein droit la résiliation du bail[3].

---

[1] La clarté du texte laisse à désirer sur ce point : l'art. 550-3 porte en effet : « Au cas de non-résiliation, le bailleur une fois payé de *tous* les loyers échus..... » Nous verrons plus loin ce qu'il faut entendre par cette expression.

[2] Thaller, *Traité élémentaire de droit commercial*, p. 985, Paris, 1898.

[3] La loi de 1872 ne change en rien la solution admise antérieurement sur ce point.

Elle n'autorise pas même le bailleur à la demander.
(Nous écartons, pour le moment, le cas où il aurait
des clauses spéciales de résiliation à faire valoir.)

Avant 1872, la Cour de cassation avait cependant
décidé que le bailleur était recevable, par le seul fait
de la faillite, à demander la résiliation et que
le juge pouvait la prononcer. Pour soutenir cette
théorie, elle se fondait moins sur la diminution des
sûretés réelles affectées au privilège que sur la diminution de la garantie personnelle du preneur dont la
solvabilité se trouvait fortement entamée par suite
de la faillite.

Cette jurisprudence était contraire aux principes
qui régissent le contrat de louage. En louant son immeuble, le propriétaire contracte moins en vue des
sûretés morales, de la personnalité même du preneur,
qu'en vue des garanties matérielles que celui-ci doit
fournir en garnissant de meubles les lieux loués [1]. Si
donc l'immeuble continue à être muni du gage suffisant et si, d'autre part, les loyers sont régulièrement
acquittés, sur quoi le propriétaire pourrait-il bien se
fonder pour demander la résiliation et le juge à l'accorder ? sur l'article 1184 ? mais les engagements sont
exécutés de part et d'autre, et la faillite n'a pas pour
effet de les rompre.

Il en résulte que la continuation du bail pourra
exister au profit de la masse.

Qu'importe au propriétaire que le preneur soit le
failli lui-même redevenu locataire par le concordat,
ou bien la masse elle-même, continuant l'exploita-

[1] Delsol, rapport.

tion pour le compte des créanciers, ou encore un tiers adjudicataire, si le gage grevé de son privilège est maintenu? qu'a-t-il à craindre d'un changement dans la personne du preneur, si celui-ci remplit exactement ses obligations?

Dans une vente à livrer, le syndic peut contraindre le vendeur à s'exécuter en lui offrant le prix complet au nom de la masse (art. 578, C. com.). Pourquoi, dans le contrat de louage, ne pourrait-il pas forcer le bailleur à respecter l'exécution du bail, en laissant au magasin son affectation avec des meubles suffisants pour répondre des loyers? Pourquoi la masse ne profiterait-elle pas du bail, en payant les arriérés et en acquittant, à mesure de leur échéance, les loyers futurs [1]?

C'est cette doctrine, ainsi que nous l'avons dit, que la loi de 1872 a consacrée.

Donc, en principe, le syndic pourra demander la continuation du bail à la charge d'offrir les sûretés suffisantes et de satisfaire à toutes les obligations du locataire. Le bailleur ne pourra demander la résiliation que pour des causes spécifiées dans le contrat ou résultant du droit commun.

La continuation du bail par la masse n'est pas obligatoire, c'est une simple faculté. La loi a permis ce transport du bail à la masse, parce que ce sera le plus souvent pour celle-ci le meilleur parti à prendre. Le concordat pourra être négocié à des conditions plus avantageuses ; le failli remis à la tête de son

---

[1] Thaller, à propos du privilège du bailleur dans la faillite, *Annales de Droit commercial*, 1896, p. 296.

commerce aura peut-être plus de succès dans ses nouvelles opérations, ou bien les locaux ont subi une plus-value importante par suite d'améliorations ou d'augmentations; ou bien encore les loyers sont modérés, les magasins sont bien situés et bien achalandés, de telle sorte que la masse pourra, en fin de compte, retirer un dividende sérieux.

En tout cas. le syndic est seul juge de la décision à prendre. Il est le représentant de la masse; d'autre part, le bailleur peut ignorer la faillite ou n'a pas de motifs de résiliation à faire valoir. C'est donc au syndic à prendre l'initiative.

Mais il ne faut pas que la situation créée par la faillite tienne indéfiniment le sort du bail en suspens.

Si le syndic croit devoir continuer le bail, il doit, à bref délai, en avertir le propriétaire et lui faire connaître les garanties qu'il lui offre pour assurer l'exécution des obligations résultant du bail. C'est ce qui résulte de l'article 450 : « Les syndics auront... huit jours pendant lesquels ils *pourront* notifier au propriétaire les intentions de continuer le bail à la charge de satisfaire à toutes les obligations du locataire. »

Le syndic doit informer le bailleur des intentions de la masse au moyen d'une notification.

Par qui devra-t-elle être faite? La loi ne le dit pas. Il sera prudent de la faire signifier par huissier, car, ainsi que nous le verrons, sa date est le point de départ d'un autre délai qui a son importance : le bailleur ne peut, en effet, former sa demande en résiliation que dans les quinze jours qui suivront cette notification.

7

Celle-ci ne peut être faite qu'avec l'autorisation du juge commissaire et le failli entendu [1]. L'intervention du juge commissaire se justifie très bien, elle est conforme au rôle que lui attribuent les articles 452 et 470 du Code de commerce. Il est chargé, en effet, de surveiller et d'accélérer les opérations et la gestion

[1] Au cas de liquidation judiciaire, aux termes de l'article 18 de la loi du 4 mars 1889, « la notification à faire, s'il y a lieu, au propriétaire dans les termes de l'article 450 du Code de commerce, est faite par le débiteur et les liquidateurs avec l'autorisation du juge commissaire, les contrôleurs entendus. Ils ont pour cette notification un délai de huit jours à partir de la première assemblée de vérification ».

Voici, sur cet article, les observations présentées au Sénat par M. Demôle, rapporteur :

« Cet article déclare applicables à la liquidation judiciaire les dis-« positions de l'article 450 du Code de commerce. Il s'agit de la « notification qui peut être faite au propriétaire bailleur des im-« meubles et locaux affectés au commerce ou à l'industrie du dé-« biteur et servant à son habitation. Tout en approuvant pleine-« ment cette assimilation, votre Commission a pensé qu'à raison « de l'abréviation des délais de production, sur lesquels l'article « 450 du Code de commerce et l'article 18 du projet de la Chambre « règlent le délai de cette notification, il est plus rationnel de « reporter ce délai à huit jours à partir de la première assemblée « de vérification. »

Donc, au cas où le liquidé judiciaire estime la continuation du bail utile, il fera avec l'assistance du liquidateur, après autorisation du juge commissaire et avis des contrôleurs, la notification prévue par l'article 450, dans les huit jours qui suivront la première assemblée de vérification La loi ne soumet l'avis des contrôleurs à aucune forme ; pour mettre leur responsabilité à couvert, le débiteur et le liquidateur feront bien de s'en ménager une preuve. S'il n'avait pas été nommé de contrôleur (la loi ne rend pas leur existence obligatoire), l'assistance du liquidateur et l'autorisation du juge commissaire seraient suffisantes (Goirand et Perier, *Commentaire théorique et pratique de la Loi sur la Liquidation judiciaire*, p. 177).

de la faillite, et l'exploitation du fonds de commerce ne peut être continuée qu'avec son autorisation.

La loi exige, d'autre part, que le failli soit entendu. Si le juge exerce un pouvoir de contrôle dans l'intérêt de la masse, il est juste aussi de tenir compte de l'intérêt du failli. Or celui-ci, grâce au concordat, peut espérer revenir à meilleure fortune en continuant l'exploitation de son commerce là où il est installé ; il peut également avoir de bonnes raisons pour vouloir la cessation d'un bail onéreux. Il est le seul juge de la situation, il est même le principal intéressé. Les observations et renseignements qu'il peut fournir doivent donc être pris en considération.

L'article 450 n'édicte pas de sanction spéciale pour le cas où les syndics n'auraient pas observé les règles prescrites par cet article. Il faut recourir au droit commun. Si, faute de s'être munis de l'autorisation du juge commissaire, les syndics ont, par leur fait, causé préjudice à autrui, ils devront être déclarés personnellement responsables ; si, d'autre part, le juge a rendu son ordonnance sans que le failli ait été entendu, celui-ci pourra se pourvoir contre cette ordonnance suivant les formes indiquées par l'article 466 du C. com. ; il portera sa réclamation devant le juge commissaire qui statuera dans les trois jours, sauf recours devant le Tribunal de commerce.

Le syndic a, pour notifier au bailleur son intention d'entretenir le bail, huit jours à compter de l'expiration du délai accordé par l'article 492, C. com., aux créanciers domiciliés en France pour la vérification de leurs créances.

Ce délai a pour but de permettre au syndic d'exa—

miner les ressources de la faillite, de voir si la continuation du bail présente des avantages appréciables et si la faillite est en mesure d'offrir au bailleur les garanties suffisantes pour assurer l'exécution du bail. D'autre part, il importe que le sort du bail soit fixé au plus tôt pour faciliter le vote du concordat, ce qui explique la brièveté du délai [1].

Plusieurs questions se posent au sujet de ce délai et que la loi ne résout pas.

Supposons d'abord que la notification ait été faite tardivement: quelle est la sanction attachée à cette inobservation du délai?

Sur ce premier point, le rapport de la Commission nous répond « qu'on reste dans le droit commun et que le propriétaire pourra toujours invoquer toutes les causes de résiliation ouvertes à son profit [2] ». Mais la notification tardive n'a pas pour effet d'emporter de plein droit contre la masse la déchéance du droit de continuer le bail. Le propriétaire ne peut pas même fonder sur ce retard une demande en résiliation.

La responsabilité du syndic seule est engagée ; car en prolongeant l'incertitude où est la masse des causes de résiliation appartenant au propriétaire, il peut entraver la marche de la faillite, la retarder et causer ainsi un grave préjudice aux créanciers ; ou

---

[1] La pratique a montré l'insuffisance de ce délai : il est impossible aux syndics d'apprécier. dans un temps aussi bref. les ressources de la faillite et, par conséquent, de prévoir la possibilité d'un concordat. Ce délai devrait être prolongé jusqu'au vote ou à l'homologation du concordat, tout en sauvegardant, néanmoins, les droits du propriétaire.

[2] Rapport Delsol ; Aix, 30 décembre 1875, D., 78.5.269.

bien les créanciers, croyant le bail affermi, ont voté le concordat : il suffira alors que le bailleur use de ses causes de résiliation pour anéantir toutes les espérances fondées sur les calculs qui ont déterminé leur vote. Qui en supportera les conséquences ? Le syndic négligent.

Cependant cette notification ne s'impose pas au syndic ; le texte ne dit pas qu'elle *doive* être forcément faite. En pratique même, si le bail est continué en fait, le syndic s'abstient de notifier, sauf bien entendu la responsabilité qu'il encourt [1].

En second lieu, la notification une fois faite a-t-elle pour effet de lier définitivement le syndic ? Nous ne le croyons pas. Cette notification n'est qu'une simple déclaration unilatérale, et alors même que le bailleur aurait expressément accepté la résolution qu'elle contient, elle n'aurait pas un caractère contractuel. Elle n'a pour but, en effet, que de faciliter les opérations de la faillite, en fixant la masse sur le sort du bail ; le syndic est libre de revenir sur sa détermination s'il la croit contraire aux intérêts de la masse. Il pourra donc, même après avoir commencé par entretenir le bail, renoncer à l'exploitation et faire vendre les meubles.

Enfin une notification est-elle nécessaire au cas où la masse ne veut pas continuer le bail ?

La loi n'en exige aucune ; seulement le non-entretien du bail constitue par lui-même une cause de résiliation postérieure à la faillite, car le commerce

---

[1] Thaller, *Traité élémentaire de Droit commercial*, p. 983, note 3.

n'étant pas continué, le failli ne peut remplir son obligation de garnir le fonds loué de meubles suffisants. Le bailleur peut invoquer cette cause de résiliation à n'importe quel moment, même après le délai de quinzaine qui lui est imparti pour faire valoir les causes de résiliation nées à son profit. Il devra seulement observer le délai de huitaine prescrit par l'article 450 pour intenter sa demande et procéder à des voies d'exécution.

Notons, en terminant, que si les syndics veulent demander la résiliation du bail pour une cause provenant du chef du bailleur, ils ne sont pas tenus de lui notifier leur intention. La loi ne les y oblige pas.

§ II. — *Demande en résiliation par le bailleur.*

Une des conditions de l'entretien du bail par la masse, ainsi que nous l'avons vu, est la non-existence au profit du propriétaire de causes de résiliation. Ces causes peuvent résulter soit de faits antérieurs à la faillite, tels que l'abus de jouissance, le non-paiement des loyers, soit de la faillite elle-même, par exemple, si le contrat a fait d'elle une condition résolutoire au gré du bailleur.

Ici encore il est désirable que la masse, qui prépare un concordat, soit fixée au plus tôt sur les intentions du propriétaire, et par conséquent sur la solidité du bail.

Aussi la loi accorde-t-elle au bailleur un délai très court pour faire connaître sa décision : il doit se prononcer dans le délai de quinzaine à compter de la notification des syndics. Faute de quoi il n'est plus recevable à agir en résiliation ; il est présumé renoncer à tous les moyens de résiliation existant à son profit (art. 450 *in fine*).

Nous voyons donc apparaître ici une nouvelle fonction de la notification des syndics : la mise en demeure du propriétaire de se prononcer dans un certain délai, sinon déchéance de son droit d'agir désormais en résiliation pour des causes actuelles.

§ III. — *Suspension des voies d'exécution et de l'action en résiliation.*

Le délai de huitaine accordé aux syndics pour notifier leur décision est un temps de réflexion. Il était donc rationnel qu'ils pussent, pendant ce délai, se livrer en toute tranquillité à l'examen de la situation pour prendre plus sûrement parti sur la continuation du bail. Aussi l'article 450 décide-t-il que, jusqu'à l'expiration du même délai, toutes voies d'exécution sur les effets mobiliers servant à l'exploitation du commerce du failli et toute action en résiliation seront suspendues [1].

Le bailleur a simplement le droit de prendre les mesures conservatoires qu'il croit nécessaires.

Il ne pourrait agir en résiliation que si, avant l'expiration des huit jours, les syndics procédaient à la vente des meubles. En effet, cette vente fait naître à son profit une cause de résiliation qu'il peut invoquer immédiatement, puisqu'elle est une infraction à l'obli-

---

[1] Sous la loi de 1838, ce délai était de trente jours.

gation que les syndics ont de tenir les lieux loués garnis de meubles suffisants.

Le bailleur aurait encore le droit de reprendre possession de son immeuble, si le bail était expiré, ou si la convention avait fait de la faillite une cause de résiliation de plein droit.

Section IV. — Étendue du privilège.

La principale innovation de la loi de 1872 consiste, ainsi que nous l'avons vu, dans le droit qu'ont les créanciers de continuer le bail sous certaines conditions. Une des conséquences les plus importantes que nous en avons déduites est la non-exigibilité des loyers à échoir : la masse ou le locataire qu'elle se substitue remplissant toutes les obligations résultant du bail, le propriétaire n'est plus fondé à exciper de la déchéance du terme.

En admettant que la faillite n'entraîne plus l'exigibilité anticipée des loyers à échoir, la loi suppose implicitement que la créance du propriétaire est une créance à terme, mais elle ne le dit pas expressément. Aucun doute cependant ne saurait s'élever sur ce point.

L'article 550 décide en effet que, dans le cas de non-résiliation, le bailleur, une fois payé de tous ses loyers échus, ne pourra pas exiger le paiement des loyers en cours ou à échoir, si les sûretés qui lui ont été données lors du contrat sont maintenues, ou si celles qui lui ont été fournies depuis la faillite sont jugées suffisantes.

Cet article tranche ainsi la controverse née sur ce point avant la loi de 1872. Il admet la créance à terme (comme l'admettait d'ailleurs la Cour de cassation), mais il la soustrait aux résultats désastreux que celle-ci lui faisait produire par application de l'article 444 C. com., en décidant que la déchéance du terme ne pourra plus être invoquée par le bailleur.

Remarquons toutefois que la faillite n'empêche pas le failli d'être déchu du bénéfice du terme; mais cette exigibilité n'existe qu'à l'égard de la faillite dont elle a pour but de faciliter la liquidation. La loi ne fait exception que pour le locateur. Elle a voulu éviter que celui-ci, en invoquant ce bénéfice, pût s'enrichir au détriment de la masse des créanciers. Ses droits sont d'ailleurs suffisamment sauvegardés : l'existence et le maintien dans les lieux loués d'un gage sérieux lui assureront toujours le paiement des loyers à leur échéance, sinon il fera résilier ou vendre et usera de son privilège.

Mais, même dans ce cas, il ne pourra pas se faire colloquer pour tous les loyers à échoir; la loi, en effet, ne se borne pas à lui refuser le bénéfice de l'exigibilité anticipée, elle restreint aussi l'étendue de son privilège. L'intérêt de l'industrie et du commerce justifie cette réduction. Il n'est pas juste, en effet, que les marchandises qui se trouvent dans les lieux loués, et qui forment la plus grande partie de l'actif de la faillite, deviennent le gage exclusif du bailleur. Ces marchandises ont été achetées avec l'argent des créanciers; ils ont un droit sur leur prix, il ne faut pas que ce droit, qui est en somme tout aussi respectable, sinon davantage que celui du bailleur, soit réduit à néant par l'exercice d'un privilège exorbitant.

L'étendue de la réduction apportée à l'exercice de ce privilège varie suivant que le bail est ou n'est pas résilié. Étudions ces deux hypothèses.

1ᵉʳ CAS. — *Le bail est résilié.*

D'abord la loi ne distingue plus, ainsi qu'on l'a vu, entre les baux à date certaine et les baux sans date certaine.

Ensuite elle ne donne privilège au bailleur que pour les *deux dernières années échues avant le jugement déclaratif de faillite, pour l'année courante et pour tout ce qui concerne l'exécution du bail et les dommages-intérêts qui pourront lui être alloués par les tribunaux* (art. 550,1°)[1].

Le bail étant résilié, il ne saurait être question de collocation pour les années à échoir.

Pour les loyers échus, le privilège subit une notable restriction; deux années seulement sont privilégiées. Sous le Code civil, le privilège garantissait tous les loyers échus[2].

---

[1] Cette réduction à deux années échues et à l'année courante a été inspirée par l'article 2151 du Code civil, qui limite au même temps l'étendue de la collocation pour les intérêts d'un capital garanti par une hypothèque (rapport Delsol). La loi du 17 juin 1893, en modifiant l'article 2151, a porté ce délai à trois ans.

[2] Du moins, d'après la théorie qui a prévalu chez la majorité des auteurs et en jurisprudence, et qui prévaut encore pour les cas qui demeurent régis par l'art. 2102, 1°, lorsque le bail n'a pas date certaine. La solution consacrée par la loi de 1872 viendrait confirmer cette théorie : car, en restreignant le privilège aux deux dernières années échues, sans distinguer si les baux ont ou non date certaine, elle admet implicitement que d'après l'art. 2102, le

Pourquoi cette limitation aux deux dernières années échues ? Parce que le bailleur qui, par négligence, laisse s'accumuler un trop grand nombre d'années de loyers non payés, commet une faute. D'un côté, il encourage le locataire qui fait de mauvaises affaires à retarder le moment de déposer son bilan ; et plus le locataire tardera, plus la faillite sera désastreuse. D'autre part, le silence du locateur autorise les créanciers du preneur à penser que les loyers sont régulièrement acquittés. Ils ne doivent pas être victimes de cette erreur. En accordant le privilège pour deux années, la loi a fait une juste part de la condescendance que le bailleur peut avoir sans danger à l'égard de son locataire embarrassé ; en même temps elle a sauvegardé les droits des créanciers trompés.

Les deux années échues privilégiées sont celles qui précèdent le jugement déclaratif de faillite. Elles doivent être comptées, d'après les termes mêmes du rapport, en prenant pour base non le jugement déclaratif, mais la date du contrat. C'est la date du contrat qui leur sert de point de départ. Ainsi, le bail a commencé le 1er avril 1890; la faillite a été déclarée le 1er juillet 1894 ; les deux dernières années garanties sont celles qui sont comprises entre le 1er avril 1892 et le 1er avril 1894.

Pour les autres années échues, le bailleur ne pourra produire qu'à titre chirographaire.

Quant à l'année courante, c'est l'année pendant

bailleur doit être colloqué par préférence pour un plus grand nombre d'années échues, c'est-à-dire pour toutes les années échues. Baudry-Lacantinerie et de Loynes, *Des Privilèges et Hypothèques*, 1, n° 416.

laquelle la faillite a été déclarée. Elle commence à compter de l'expiration de la deuxième des années échues et prend fin au moment où la résiliation du bail est prononcée. Elle peut être d'une année entière, si, par exemple, la date de la résiliation coïncide avec celle du bail; mais le plus souvent, elle ne sera qu'une fraction d'année. En tout cas, elle ne pourra jamais excéder la durée d'une année, la résiliation devant être demandée dans un très court délai après le jugement déclaratif.

En outre, en cas de résiliation, le bailleur a privilège pour tout ce qui concerne l'exécution du bail et les dommages-intérêts qui pourront lui être accordés par les tribunaux. Ici le privilège conserve toute son étendue; il garantit toutes les prestations qui pourraient être dues en vertu du bail, ainsi que tous dommages-intérêts sans aucune restriction. Nous retombons sous l'empire du droit commun.

En premier lieu, le privilège est donné pour tout ce qui concerne l'exécution du bail.

Cette disposition doit être interprétée conformément à l'article 2102. Ainsi, on doit y comprendre la créance résultant au profit du bailleur des réparations locatives, des détériorations survenues par la faute du preneur, la créance pour fournitures ou avances faites par le propriétaire en vertu d'une clause du bail, qu'elles soient antérieures ou postérieures au contrat, pourvu qu'elles soient faites en vue de l'exploitation des lieux loués.

En second lieu, le bailleur peut exercer son privilège pour les dommages-intérêts qui pourront lui être alloués par les tribunaux.

Cette partie du texte semble exclure les dommages-intérêts qui pourraient avoir été déterminés par la convention. Cette objection fut faite par M. Ganivet, lors de la seconde délibération. Il proposa de modifier ainsi la rédaction : « Pour tout ce qui concerne l'exécution du bail et dommages-intérêts. » Mais le rapporteur, M. Delsol, répondit que cette modification rentrait dans les idées de la commission, et que les dommages-intérêts qui avaient été fixés par une convention étaient suffisamment compris dans cette expression : « tout ce qui concerne l'exécution du bail. » La rédaction n'en demeure pas moins défectueuse.

Ce droit du bailleur à des dommages-intérêts se comprend facilement. La résiliation du bail a pu lui causer un grave préjudice, soit qu'il ait éprouvé des difficultés à relouer son immeuble immédiatement, soit qu'il ait été obligé de le relouer à des conditions moins avantageuses, par suite de circonstances économiques défavorables. Ce préjudice, résultant du chômage de son immeuble ou de la différence dans le prix de location, fait naître à son profit une créance qui est légitimement garantie par son privilège.

La disposition relative aux indemnités accordées pour inexécution du bail et aux dommages-intérêts alloués par les tribunaux est, à notre avis, d'une utilité très contestable. En effet, si le Code civil garantit déjà toutes les indemnités dues au bailleur pour inexécution du bail et si, d'autre part, les dommages-intérêts fixés par les tribunaux peuvent être compris dans ces indemnités, pourquoi donc en faire l'objet d'une mention nouvelle? C'est une répétition inutile qui ne fait qu'aggraver la confusion et l'obscurité de la loi. Un peu plus de concision et de clarté eussent été préférables ; le législateur y serait parvenu en s'en référant purement et simplement au droit commun.

2ᵐᵉ Cas. — *Le bail n'est pas résilié.*

I. — Nous savons à quelles conditions le bail peut être continué : le bailleur doit être désintéressé de tous les loyers échus ; de plus, le locataire doit maintenir dans l'immeuble des garanties suffisantes pour assurer l'exécution du bail, ou, si elles ont disparu, leur en substituer d'autres équivalentes.

D'abord tous les loyers échus doivent être payés. Cette expression soulève une première difficulté. Faut-il entendre par là *tous les loyers échus* sans exception depuis le commencement du bail, ou seulement des deux dernières années échues avant le jugement déclaratif, comme en cas de résiliation ?

La première interprétation peut se déduire du texte même de l'article 550,2° : « En cas de non-résiliation, porte cet article, le bailleur une fois payé de tous les loyers échus... » A première vue, c'est la seule qui paraisse rationnelle. En effet, le bail n'est pas résilié, l'état de choses antérieur à la faillite est maintenu, la masse ou celui qu'elle substitue continue l'exploitation comme s'il n'y avait pas eu de faillite. Or le privilège et la restriction qu'il subit ne peuvent s'exercer qu'autant qu'il y a réalisation du gage. Si donc le bail continue, le contrat qui le régit doit continuer aussi à recevoir son entière exécution, et s'il y a des loyers échus et non payés, même pour une durée excédant deux années,

le locataire doit les acquitter en totalité. En somme,
c'est le droit commun qui continue à s'appliquer. La
jouissance ayant été fournie et continuant à être fournie, il serait injuste que le locataire qui en a profité n'exécutât point l'obligation correspondante de
payer les loyers représentant la jouissance prestée.
Sinon le bailleur agira en résiliation ou fera vendre
les meubles [1].

Ce n'est point cependant le système que nous adop-
terons. Nous déciderons, au contraire, qu'au cas de
non-résiliation comme au cas de résiliation, le bailleur ne pourra pas exiger le paiement de plus de
deux années échues.

D'abord il est très douteux qu'on puisse prendre à
la lettre les mots « tous les loyers échus » employés
par le § 2 de l'article 550. Il est plus vraisemblable
que le législateur, en se servant de cette expression, a
eu en vue les deux années échues dont il venait de
parler dans le § 1er du même article.

Ensuite, le système que nous venons d'exposer est
tout à fait contraire à l'esprit de la loi. La loi, en
effet, a voulu favoriser la continuation du bail par la
masse; elle a jugé que c'était la meilleure solution
pour les créanciers de la faillite. Or les loyers échus
représentent souvent une somme considérable, plus
forte peut-être que celle qui compose l'actif même de
la faillite. En se faisant payer tous les loyers échus,
le bailleur absorbera ainsi tout l'argent disponible,
de telle sorte que, pour échapper aux exigences du

---

[1] Baudry-Lacantinerie et de Loynes, *Des Privilèges et Hypothèques*, 1, n° 418.

bailleur, la masse sera presque toujours contrainte de demander la résiliation du bail. Est-ce bien là le but poursuivi par la loi ? Et l'interprétation contraire ne rend-elle pas inutiles les efforts que le législateur a faits pour sauvegarder les intérêts des créanciers dans la faillite ?

Mais alors, dit-on, le bailleur aura tout avantage à résilier ou à faire vendre les meubles. Non, car jamais le montant de sa collocation n'excédera deux années échues, et, d'autre part, il est à présumer que son indemnité de résiliation, si considérable soit-elle, compensera rarement l'avantage qu'il pourra retirer de la continuation du bail par la masse. Celle-ci est, en effet, pour lui un preneur immédiat qui offre dès à présent toutes les garanties de solvabilité désirables et qui le dispense de chercher un autre locataire dont la solvabilité peut être douteuse et incertaine.

Nous conclurons donc que le paiement de deux années échues seulement sera suffisant pour désarmer le propriétaire et permettre ainsi à la masse de continuer l'exploitation [1].

En second lieu, la loi exige pour la continuation du bail que les sûretés qui avaient été fournies au bailleur soient maintenues, ou que celles données depuis la faillite soient jugées suffisantes.

Le point de savoir si les garanties données sont ou non suffisantes est tranché souverainement par les tribunaux, qui doivent se montrer d'autant plus rigoureux, dans la détermination des sûretés réelles à

---

[1] En ce sens, Thaller, à propos du privilège du bailleur dans la faillite, *Annales de Droit commercial*, 1896, p. 298.

fournir au propriétaire, que la faillite a davantage compromis la garantie personnelle du preneur.

II. — Les sûretés deviendront notamment insuffisantes lorsqu'il y aura vente suivie de l'enlèvement des meubles. Cette vente du mobilier peut avoir lieu soit à la requête du bailleur, soit à la requête du syndic.

A la requête du bailleur, lorsqu'il n'est pas payé des loyers échus et qu'il n'a pas agi en résiliation dans le délai de quinze jours qui suit la notification du syndic. Sa seule ressource est alors de faire saisir et vendre les meubles garnissant les lieux loués.

A la requête du syndic, lorsqu'il ne croit pas conforme aux intérêts de la masse de continuer le bail. Il vend les marchandises sans les remplacer.

Dans ce cas, le propriétaire exerce son privilège sur le prix de vente :

1° Pour les loyers des deux dernières années ;

2° Pour les loyers de l'année courante ;

3° Pour les loyers d'une année à échoir ;

4° Et pour le montant des indemnités qui lui seront allouées.

Par suite de la vente des meubles, les sûretés données au bailleur ne sont pas maintenues, ou, tout au moins, elles sont devenues insuffisantes. La réalisation du gage donne lieu à l'exercice du privilège non seulement pour les années échues et l'année courante, mais pour l'année qui suit l'année courante. La créance du bailleur est, en effet, un créance à terme : dans notre cas, elle devient exigible, non pas à cause de la faillite, mais à cause de la réalisation du gage qui cesse d'être pour l'avenir une garantie des loyers à échoir. La collocation privilégiée seule est restreinte. L'exigibilité s'étend aux années postérieures non garanties par le privilège : mais, pour ces années-là, le bailleur est réduit à la condition d'un simple créancier chirographaire.

La partie du texte qui nous occupe (art. 550, 4°) est assez obscure : aussi son interprétation soulève-t-elle de graves difficultés.

En premier lieu, doit-on considérer le bail comme résilié de plein droit?

Au premier abord, on est tenté de répondre par l'affirmative. En assimilant les deux hypothèses de résiliation et de vente des meubles, dit-on, et en donnant dans les deux cas les mêmes droits au bailleur, la loi a tenu le bail pour résilié.

Nous préférons l'opinion contraire. L'obscurité du texte ne permet pas d'admettre une solution aussi catégorique. D'autre part, s'il y a résolution de contrat, c'est plutôt pour inexécution par l'une des parties de ses obligations (art. 1741); il y a lieu, dès lors, d'appliquer l'article 1184 : le contrat est résolu pour l'avenir seulement en vertu de la condition résolutoire qui l'affecte ; mais cette condition n'opère pas de plein droit : la demande en résiliation devra donc être portée devant le juge, qui sera obligé d'y faire droit.

Enfin, au cas de vente des meubles, le bailleur devient créancier chirographaire pour les années postérieures à celle qui suit l'expiration de l'année courante ; pendant tout ce temps, les créanciers font leur profit du bail. Mais, ainsi que nous le verrons, ce n'est pas l'intérêt du bailleur de laisser continuer le bail. Aussitôt après l'expiration de la dernière année privilégiée, pendant laquelle la masse a le droit de relocation, il s'empressera de demander la résiliation, s'il ne veut pas recevoir en monnaie de faillite le paiement des loyers postérieurs.

Si donc la masse a droit au bail, et si le locateur est obligé, pour se soustraire à la loi du dividende, d'en demander la résiliation à l'expiration de la dernière année garantie par le privilège, c'est que la vente des meubles n'entraîne pas cette résiliation de plein droit.

En second lieu, le calcul des délais pour la détermination de l'étendue du privilège suscite de non moins graves incertitudes.

Un premier système propose, pour la fixation des années garanties, d'adopter purement et simplement la solution admise en cas de résiliation. En ce sens, on invoque le texte : « le privilège s'exerce comme en cas de résiliation ». L'année courante est donc celle pendant laquelle se produit la faillite ; les deux dernières années échues sont celles qui précèdent le jugement déclaratif, et l'année à venir est celle qui suit l'année courante[1].

Ce système est, à la rigueur, admissible lorsque la vente des meubles est réalisée peu de temps après la déclaration de faillite. Il n'y a pas, dans ce cas, d'autres années sur lesquelles pourrait s'exercer le privilège. Mais cette concordance peut fort bien ne pas se

---

[1] Cour de Paris, 11 janvier 1893, arrêt cité par Baudry-Lacantinerie et de Loynes, *Privilèges et Hypothèques*, I, p. 339.

produire, et dans toute autre hypothèse ce système est inapplicable.

Supposons d'abord que la vente des meubles ait lieu plus d'un an après le jugement déclaratif. Par exemple, le bail commence le 1er janvier 1890, le preneur tombe en faillite le 1er juillet 1895, les meubles sont vendus en décembre 1896. D'après le système que nous venons d'exposer, seront privilégiées :

1° Les deux dernières années échues avant le jugement déclaratif, c'est-à-dire les deux années échues au 1er janvier des années 1894 et 1895 [1] ;

2° L'année courante, autrement dit le temps compris entre le 1er janvier et le 1er juillet 1895, date du jugement déclaratif.

Mais que faut-il entendre par année qui suit l'année courante? Est-ce celle qui va du 1er juillet 1895 au 1er juillet 1896? ou celle qui est postérieure à la vente des meubles?

Sur ce dernier point il y a des divergences. Mais quelle que soit la solution que l'on adopte, aucune ne satisfait la raison. L'une et l'autre ont le tort de créer une situation par trop défavorable pour le propriétaire. Il reste toujours, en effet, une période de loyers échus pour le paiement desquels le bailleur sera dépourvu de toute garantie. C'est, dans la première opinion, la phase comprise entre le 1er juillet 1896 et le mois de décembre suivant, et, dans la deuxième opinion, l'intervalle couru du jugement déclaratif au jour de la vente des meubles, soit plus d'une année. Or le bailleur n'a pas pu agir en résiliation, car les sûretés

---

[1] En ce sens, Lyon-Caen et Renault, *op. cit.*, II, n° 3036.

primitives ont été maintenues jusque là, et les loyers échus avant le jugement déclaratif ont été payés. Le bail a continué, la masse en a profité, et cependant le bailleur reste créancier des loyers échus pendant l'une ou l'autre des périodes dont nous venons de parler et qui sont antérieures à la vente, sans pouvoir invoquer pour leur paiement le privilège que lui donne la loi. Le propriétaire serait donc réduit à ne toucher sur le prix de ces loyers qu'un simple dividende. C'est une anomalie.

De plus, la seconde solution[1] est tout à fait contraire au texte : la loi, en effet, donne le privilège pour l'année qui suit l'expiration de l'année courante. Or, dans notre hypothèse, il y a entre elles un intervalle de plus d'une année. Ce n'est certainement pas là l'esprit de la loi. Il faut donc rejeter ce système.

Pour nous, la solution du problème dépend de la question de savoir tout d'abord ce qu'on entend par année courante. C'est l'année courante qui servira à fixer le point de départ des deux dernières années échues et de l'année à échoir.

Une seconde hypothèse est nécessaire pour montrer que l'année courante n'est pas forcément celle qui est en voie de s'accomplir au moment de la déclaration de faillite (ainsi que l'admet le premier système), qu'elle ne doit même pas être cette année-là.

Supposons que les deux dernières années échues lors de la vente des meubles soient de beaucoup postérieures au jugement déclaratif. Par exemple, le bail part du 1er avril 1890 ; la faillite éclate le 1er novem-

---

[1] Thaller, *Annales de Droit commercial, op. cit.*, 1896, p. 299.

bre 1893. Le bailleur est désintéressé des loyers échus
à cette époque ; par conséquent, il n'a pas pu demander la résiliation et le bail a continué. Puis, les meubles sont vendus dans le courant de juillet 1896, sans
que les loyers des années 1894 et 1896 aient été
payés. Devra-t-on dire, dans ce cas, que l'année courante est celle du jugement déclaratif? Assurément
non, ce serait irrationnel. C'est la vente des meubles
qui provoque l'exercice du privilège, qui devient
même une cause postérieure de résiliation pour le
bailleur. N'est-il pas logique, dès lors, de décider que
cet événement doit servir aussi à déterminer ce qu'il
faut entendre par année courante? L'année courante
est donc celle qui est en cours au moment de la vente
des meubles[1].

Les deux dernières années échues ne sont pas non
plus, comme dans le premier système, celles qui précèdent le jugement déclaratif. En effet, l'art. 550,3,
suppose que les loyers échus ont été acquittés, sinon
le bailleur aurait agi en résiliation. S'il a été payé, il
n'a plus de raison pour exercer son privilège. Or la
loi accorde ce privilège pour les deux dernières années
échues. C'est donc qu'elle admet qu'il ne s'agit pas
des deux années antérieures au jugement déclaratif,
puisqu'elles ont été payées. Les deux années garanties par le privilège ne peuvent donc être que les

[1] En ce sens, Baudry-Lacantinerie et de Loynes, *Privilèges et
Hypothèques*, I, n° 422 ; Lyon-Caen et Renault, II, n° 3036 ; Tribunal civil de la Seine, 1er août 1884, *Journal des Faillites*, 1884,
p. 516 ; la Chambre des Requêtes a admis dans ce sens le pourvoi
formé contre l'arrêt de la Cour de Paris du 11 mai 1893, cité *suprà*,
Ch. des Req., 30 mai 1894, *Gaz. des Tribunaux*, 31 mai 1894.

deux dernières années échues avant celle qui est
en cours au moment de la vente des meubles.

Mais alors, dit-on, que devient le texte de la loi :
le privilège s'exerce comme en cas de résiliation ?
L'objection est facile à écarter. Le législateur a simplement entendu, par cette expression, restreindre
l'exercice du privilège à la même durée en y ajoutant
une année à venir ; mais il n'a certainement pas eu
la pensée de le limiter aux deux dernières années
échues avant la déclaration de faillite, puisqu'il venait
de supposer, dans le paragraphe précédent, qu'elles
avaient été acquittées.

En outre, en cas de résiliation, les deux dernières
années échues *sont celles qui précèdent l'année courante*. C'est la règle posée par l'art. 550,2°. Il doit en
être de même pour le cas où il y a vente et enlèvement
des meubles. Or, ainsi que nous l'avons montré,
l'année courante est celle qui est en voie de s'accomplir lors de cet événement : les deux dernières années
sont donc celles qui sont échues au moment où les
meubles sont vendus et enlevés.

Il est facile maintenant de déterminer l'année à
venir : c'est, logiquement et conformément au texte,
celle qui suit l'expiration de l'année courante, par conséquent celle qui suit la vente des meubles. Avec cette
interprétation, il n'y a plus de lacune dans l'exercice
de la garantie appartenant au bailleur, et le texte de
la loi est respecté.

En résumé, en cas de résiliation, comme au cas de
non-résiliation, l'étendue du privilège est la même
(sauf la collocation pour une année à échoir dans le
cas de non-résiliation). Dans les deux cas, les deux

dernières années échues ont pour point de départ la date du contrat et précèdent l'année courante ; l'événement qui détermine celle-ci seul varie : dans le premier cas, c'est la déclaration de faillite, ou plutôt la demande en résiliation ; dans le second, c'est la vente des meubles.

Le privilège garantit, avons-nous vu, une année de loyers à échoir à partir de l'expiration de l'année courante. Ces loyers ne sont pas payés au bailleur à titre d'indemnité de résiliation, mais à titre *de loyers, représentant le prix de la location.* Il n'y a pas de résiliation prononcée, et la conséquence que la loi en tire, c'est le droit de relocation pour les créanciers pendant cette année à échoir (550,6°). Cette année à échoir est un délai accordé au bailleur pour lui permettre de se mettre en quête d'un nouveau locataire. La loi suppose, en effet, qu'à la fin de cette année, le bailleur demandera la résiliation du bail pour les causes que nous allons indiquer, et reprendra possession de son immeuble.

S'il ne demande pas la résiliation à cette époque, le bail continue, mais le paiement des loyers postérieurs n'est plus privilégié. Pour cette partie de sa créance non garantie, le propriétaire produira à la faillite avec la masse des créanciers et ne touchera que des dividendes.

En quoi consiste cette collocation chirographaire ?

D'après les uns, on totalise les dividendes afférents aux années postérieures non privilégiées ; sur cette masse ainsi composée, le bailleur touchera le montant intégral de ses loyers à mesure de leur échéance. Une fois cette somme épuisée, il aura le droit de deman-

der la résiliation du bail pour défaut de paiement.
Mais n'est-ce pas faire revivre indirectement le privilège que la loi a voulu réduire? A l'égard du failli
ou de ses créanciers, ainsi privés du droit de relocation pour les années non payées, ce mode de paiement
des dividendes n'équivaut-il pas à un paiement intégral ?

D'après d'autres, le bailleur ne peut prétendre qu'à
des dividendes proportionnels aux loyers restant à
échoir; il est présumé intégralement payé, et, par
conséquent, le droit au bail continue d'exister, jusqu'à
son expiration, au profit de la masse.

Quelle que soit, d'ailleurs, la solution adoptée, il est
manifeste que le bailleur se gardera bien de produire
pour les années ultérieures. Ce serait de la dernière
imprudence. Comment admettre, en effet, qu'un bailleur consente à la continuation du bail, si, pour tout
paiement, il est réduit à toucher de simples dividendes. Un bailleur est moins bénévole. Il demandera
bien vite la résiliation du bail. En somme, la vente
des meubles équivaut à une *résiliation à une année
d'échéance*. Les magasins sont dégarnis, les conditions
du contrat de louage ne sont pas remplies. A un an
de date, le propriétaire rentrera dans son immeuble.

C'est déjà là un vice de la loi d'impliquer une pareille solution sans la trancher nettement. D'autre
part, n'aurait-elle pas mieux fait de prononcer la résiliation tout de suite, au lieu de la reporter à une
année de date? Il faut, dit-on, donner le temps au
bailleur de chercher un autre locataire; en attendant
les créanciers ont le droit de relocation. Mais une indemnité de résiliation, fixée par les tribunaux, n'au-

rait-elle pas suffi? De plus, le droit de relocation est pour les créanciers une bien faible compensation : jamais un locataire sérieux ne s'avisera de louer pour aussi peu de temps, alors même qu'il aurait l'espoir, après la demande en résiliation, de traiter pour une plus longue durée avec le propriétaire lui-même. Le preneur qui se présentera sera le plus souvent un preneur d'occasion, exerçant une industrie de bohême et cherchant à écouler des marchandises d'une provenance louche. Encore faut-il que la destination des lieux ne soit pas changée. Dans ces conditions, n'aurait-il pas mieux valu décider que la vente des meubles entraînerait de plein droit la résiliation du bail? La faillite aurait été fixée sur le sort du bail, et le propriétaire, libre de toute entrave, en aurait profité pour traiter immédiatement avec le premier preneur qui lui aurait convenu.

Enfin, dans l'hypothèse qui nous occupe, comme dans le cas de résiliation, le privilège garantit tout ce qui concerne l'exécution du bail ainsi que les dommages-intérêts alloués au bailleur par les tribunaux (450,4°).

Section V. — Du droit de relocation.

Le droit de relocation que la loi reconnaît aux créanciers repose sur un principe d'équité. Il est la juste compensation du droit accordé au bailleur d'exi-

---

[1] Parmi les indemnités garanties par le privilège, citons notamment celles qui seraient attribuées au bailleur au cas où la faillite serait déclarée postérieurement à l'incendie de l'immeuble loué. Il

ger le paiement anticipé des loyers à échoir. Le bailleur ne doit pas recouvrer la jouissance des lieux loués et toucher en même temps les loyers qui la représentent. D'autre part, cette jouissance a été payée avec le prix provenant de la vente des meubles ; or ces meubles ont été achetés avec l'argent des créanciers, ils forment leur gage. Par suite, le droit au bail est une valeur de l'actif. Il est donc juste que la masse puisse en tirer parti en le cédant. Ce principe est consacré par l'article 2102.

La loi de 1872 en fait une exacte application, lorsque, les meubles garnissant les lieux loués étant vendus, le bailleur se fait colloquer pour l'année courante et pour la suivante (550,6°). Dans ce cas, le droit de relocation appartient aux créanciers, même en présence d'une clause du contrat interdisant de céder le bail ou de sous-louer. En exigeant le paiement de l'année courante et de celle à venir, le bailleur renonce implicitement au droit d'invoquer cette clause. Il est désintéressé : que lui importe que le bail soit exploité par la masse ou par un tiers cessionnaire? En un mot, si la loi permet au locateur de se prévaloir de l'exigibilité anticipée des loyers, c'est sous la condition formelle que les créanciers du locataire auront la faculté de relouer l'immeuble, et trouveront

a droit d'abord à la valeur de son immeuble (1733, C. civ.). Puis son privilège porte : 1° sur l'indemnité d'assurance représentant la valeur du mobilier incendié, si ce mobilier a été assuré (L. 19 février 1889, art. 3, 1°) ; 2° sur l'indemnité résultant de l'assurance du risque locatif, lorsque le locataire a assuré ce risque (même loi, art. 3, 2°).

dans le produit de la relocation une compensation à la perte actuelle qu'ils subissent [1].

Le droit de relocation étant ainsi le corollaire du locateur, il faut décider que ce droit des créanciers cesserait si le bailleur renonçait à son privilège pour l'année courante et l'année à échoir, si, par exemple, il se bornait à réclamer le paiement des loyers échus et une indemnité pour l'inexécution du bail, dont il demanderait la résiliation en vertu de l'article 1184. Il pourrait demander l'exécution entière de la convention et, par conséquent, s'opposer à l'exercice du droit de relocation, si le contrat en portait l'interdiction. En résumé, le locateur jouit d'un droit d'option : il peut exiger le paiement de l'année courante et de l'année qui la suit; il renonce alors au bénéfice de l'interdiction stipulée dans la convention ; ou bien, il peut demander l'observation de la clause qui interdit la sous-location; le bail est alors résilié; il n'a droit qu'à une indemnité et au paiement des loyers échus.

Cette solution vient à l'appui de la critique que nous avons formulée plus haut en disant que la collocation pour une année à échoir était une anomalie. En effet, si le bailleur trouve avantage à demander la résiliation du bail pour empêcher l'exercice du droit de relocation, et si, d'un autre côté, ainsi qu'on l'a vu, le droit de relocation n'est très souvent pour les

---

[1] Aubry et Rau, III, p. 146, § 261, note 32 ; Baudry-Lacantinerie et de Loynes, *Privil. et Hyp.*, I, n° 440 ; Colmet de Santerre, IX, n° 28 *bis*, XVI ; Laurent, XXIX, n° 405 ; Pont, I, n° 128 ; Thézard, n° 339 ; Valette, n° 64.

créanciers qu'une médiocre compensation, pourquoi
la loi n'a-t-elle pas décidé que la vente des meubles
emporterait de plein droit la résiliation du bail?
C'eût été une solution plus simple et plus logique.

Le droit de relocation étant la représentation d'une
jouissance payée par anticipation, il paraît rationnel
que l'exercice de ce droit devrait cesser lorsque le
bail n'est pas résilié. Le bail est entretenu par la
masse, et le bailleur, qui n'est pas rentré en possession de son immeuble, n'a été payé que des loyers
échus. Or la masse peut, sous certaines conditions,
céder le bail ou sous-louer (art. 550,5°). Cette déro-
gation au droit commun est une conséquence de l'idée
que nous avons émise au début et qui domine toute
la loi : la masse étant substituée de plein droit au
failli pour l'exploitation du bail, le propriétaire ne
peut pas invoquer le bénéfice de l'exigibilité anticipée
que produit la faillite. En vertu de ce transport du
bail aux créanciers, ceux-ci ont les mêmes droits que
le locataire failli dont ils prennent la place. Or, en
l'absence de clause contraire, le locataire a le droit,
conformément à l'article 1747 C. civ., de sous-louer,
ou même de céder le bail à un tiers. Le locateur ne
peut donc pas s'opposer à l'exercice de ce droit. Les
créanciers profiteront ainsi de la plus-value locative
de l'immeuble, comme en aurait profité leur débiteur
lui-même.

Mais si les créanciers ont les mêmes droits que le
locataire failli, ils sont tenus, par contre, de toutes
ses obligations. Par suite, ils n'ont plus le droit· de
relocation, si la convention l'exclut. D'autre part, ils
ne peuvent pas changer la destination des lieux loués;

enfin, les cessionnaires doivent maintenir dans l'immeuble un gage suffisant et exécuter, au fur et à mesure des échéances, toutes les obligations résultant du droit ou de la convention (550,5°).

Nous avons déjà étudié cette dernière condition, en recherchant ce qu'il fallait entendre par « garanties suffisantes ».

Si le contrat a stipulé l'interdiction de sous-louer, les créanciers doivent respecter cette clause; ils ne peuvent avoir plus de droit que le débiteur. Sinon, le bailleur fera résilier.

Enfin, le sous-locataire ou cessionnaire ne doit pas changer la destination des lieux loués. Cette prescription a pour but d'empêcher que le changement dans le mode de jouissance ne préjudicie au propriétaire, soit en l'exposant au recours des locataires voisins, soit en diminuant la valeur de son immeuble.

La question de savoir quand la destination des lieux sera changée est laissée à l'appréciation des tribunaux, qui interpréteront avant tout la convention des parties. A défaut, ils se détermineront d'après les circonstances. Le texte de la loi ne doit pas être pris à la lettre. Le sous-locataire n'est pas tenu d'exercer la même industrie que le failli. Il suffit que l'exploitation nouvelle ne nécessite aucun changement dans les lieux loués et ne soit préjudiciable ni au propriétaire, ni aux autres locataire de la maison[1]. S'il en était autrement, l'exigence de la loi rendrait souvent impossible toute sous-location.

[1] Demante, t. IX, n° 28 *bis*, XXIII.

CHAPITRE II

LOI DU 19 FÉVRIER 1889

L'interprétation de la loi du 19 février 1889 sera d'autant plus brève que ses dispositions sont empruntées à la loi de 1872. Si, en effet, les deux lois ne poursuivent pas précisément le même but, elles emploient du moins, pour l'atteindre, un moyen identique. La loi de 1872 se proposait surtout d'améliorer le sort des créanciers dans la faillite ; la loi de 1889 tend à développer le crédit mobilier du fermier. Dans les deux cas, le moyen employé est la restriction du privilège du bailleur. Néanmoins, à raison de la différence du but poursuivi, certaines dispositions de la loi de 1889 doivent fixer plus particulièrement notre attention. Nous renverrons pour le surplus aux explications que nous avons données en commentant la loi de 1872.

Section 1. — Historique.

Parmi les innombrables moyens proposés pour développer le crédit de l'agriculteur figure, ainsi que nous l'avons vu, la restriction du privilège du bailleur. Si elle n'est pas un des projets les plus importants qui aient été présentés pour propager le crédit rural, la réforme de l'article 2102,1°, ne s'en rattache pas moins d'une manière très étroite à la question beaucoup plus vaste de l'organisation du crédit agricole. Elle en est, peut-on dire, une branche, un dérivé. Il s'agit, en effet, de donner du crédit au fermier. Aussi, au point de vue de leur histoire, ces deux questions n'en font-elles qu'une. On les voit naître en même temps, se développer parallèlement et, après un demi-siècle environ, recevoir une solution législative presque contemporaine[1].

La réduction du privilège du bailleur fut demandée pour la première fois en 1845. La question du crédit agricole venait à peine d'être posée[2]. Le Conseil supérieur de l'Agriculture avait convoqué un congrès de jurisconsultes et de propriétaires, et lui avait confié la mission d'étudier les réformes les plus aptes à favoriser le crédit chez l'agriculteur. Le célèbre économiste Wolowski y formula un certain nombre de vœux, dignes d'être notés pour les idées aussi neuves que judicieuses qui les avaient inspirés. Il demanda, entre autres, la création d'établissements de crédit agricole et la réforme de l'article 2102, relatif au privilège du propriétaire sur les meubles, les ustensiles, le bétail et les récoltes du fermier[3].

Les divers projets présentés furent vivement atta-

---

[1] Cf. loi du 5 novembre 1894, sur les Sociétés de Crédit agricole, *J. Off.* 6 novembre 1894; loi du 18 juillet 1898 sur les Warants agricoles.

[2] Dès. 1837, plusieurs économistes avaient eu l'idée de créer une banque agricole sous forme de société par actions. Durand, *Le Crédit agricole*, p. 634. Paris, 1891.

[3] Oudet, discours au Sénat, séance du 30 novembre 1883.

qués par MM. Dupin et Buffet, deux partisans de
l'école anglaise, qui considéraient comme inutile
l'organisation spéciale d'un crédit rural. Le crédit est
un, disaient-ils. Il doit être régi par les mêmes règles,
qu'il s'applique à l'agriculteur ou au commerçant. Il
ne peut être divisé. Nous n'avons pas à discuter cette
théorie qui ne rentre pas dans le cadre de notre
étude. Spécialement, en ce qui concernait l'art. 2102,
M. Dupin objectait ceci :

« Mais, ce privilège que vous voulez réduire, c'est
« à lui que le fermier doit le crédit que lui fait le
« propriétaire. Si vous réduisez le privilège du pro-
« priétaire, ce dernier sera plus exigeant dans le ser-
« vice des fermages, plus difficile dans le choix d'un
« fermier. Vous allez prendre au propriétaire des
« garanties pour les donner au prêteur. Où sera
« l'avantage ? »

« .... M. Buffet émettait une autre idée, Il disait :
« l'agriculteur n'a pas tant besoin d'argent que vous
« voulez bien le dire. Laissez-la faire et laissez faire
« le progrès ; l'important, c'est que le revenu du sol
« reste au sol, et il restera toujours au sol si le pro-
« priétaire du sol le cultive lui-même. Mais lorsque
« le propriétaire fait exploiter par un fermier, la rente
« du sol s'en va dans les villes et se jette dans l'in-
« dustrie ou dans toute autre spéculation[1]. »

Nous avons fait, par avance, la part de ces critiques
dans notre première partie.

Les événements de 1848 vinrent d'ailleurs sus-

---

[1] Oudet, discours au Sénat, *loc. cit.*

pendre cette polémique. Les idées prirent un autre cours.

Cependant, sous l'influence des théories socialistes qui se firent jour à cette époque, la question du crédit rural préoccupa de nouveau les esprits. Diverses propositions plus utopiques les unes que les autres furent présentées. Nous ne nous attarderons pas à les passer en revue : elles n'offrent qu'un intérêt médiocre pour notre étude. Qu'il nous suffise de dire qu'aucune d'entre elles n'aboutit[1].

Mais elles avaient eu, du moins, l'utilité de signaler au gouvernement l'importance de la question. Aussi, en 1850, l'Assemblée nationale nommait-elle une commission d'enquête, avec mission d'étudier le crédit agricole en France et à l'étranger. Dans le questionnaire qui lui était soumis se trouvait notamment la question suivante : « Convient-il de supprimer le privilège des propriétaires sur les meubles des fermiers ou de le restreindre? » La commission termina ses travaux en 1856, mais on ignore la réponse qui fut faite à cette question, aucun document officiel n'ayant publié les résultats de l'enquête[2].

Dès 1863, le Gouvernement, de nouveau sollicité par les sociétés d'agriculture, avait institué une nouvelle commission. Cette commission, composée de membres des conseils généraux et des sociétés agricoles, de propriétaires et de fermiers, de savants et d'économistes, s'occupa activement de la réforme projetée. Les résultats négatifs des tentatives antérieures prouvaient

---

[1] Sur ce point, v. Durand, *Le Crédit agricole*, pp. 636 et suiv.
[2] Oudet, discours au Sénat, *loc. cit.*

trop qu'on avait fait fausse route. Aussi, mettant à
profit l'expérience acquise, M. Josseau, un des membres de la commission, mit la question sur son véritable terrain. S'inspirant des idées judicieuses émises
par Wolowski lors du congrès de 1845, il demanda
simplement la réforme des dispositions législatives qui
pouvaient nuire au développement du crédit agricole[1].
La réduction du privilège du bailleur, tant au point de
vue des objets qu'il frappe, qu'au point de vue du nombre
des années de fermages qu'il garantit, fit l'objet d'une
proposition à peu près unanime de la part de la commission[2]. Les autres vœux principaux portaient sur
le gage sans déplacement, la commercialisation des
engagements agricoles, l'indemnité due en cas d'incendie aux créanciers privilégiés sur un immeuble, le
privilège du marchand d'engrais, la réduction des
droits d'enregistrement. M. Josseau résuma ces vœux
en un projet de loi que le Conseil d'État fut chargé
d'examiner. Mais, faute d'entente avec les ministres
du Commerce et de la Justice, le Conseil d'État ne
s'était pas encore prononcé lorsque éclata la guerre
de 1870.

En 1878, année de l'exposition universelle, la Société
des Agriculteurs de France remit la question à l'ordre
du jour. L'année suivante, le Gouvernement nomma
une commission chargée d'étudier les vœux des agriculteurs. En même temps, il organisa une enquête
auprès des conseils généraux en France et auprès des
consuls à l'étranger. De nombreuses réformes furent

---

[1] Josseau, *Le Crédit Foncier*, II, p. 131. Paris, 1872.
[2] Monny de Mornay, *Rapport sur l'enquête de 1866*, p 221.

encore proposées, au nombre desquelles figurait toujours la restriction du privilège du bailleur. Sur les vœux émis, M. de Mahy, ministre de l'Agriculture, et M. Léon Say, ministre des Finances, présentèrent au Sénat un projet de loi, le 20 juillet 1882. La commission sénatoriale modifia ce projet, sans toucher toutefois à la proposition relative à la réforme de l'article 2102, et déposa son rapport par l'intermédiaire de M. Labiche, le 31 juillet 1883. Le projet ainsi remanié comprenait quatre titres :

1° Nantissement sans déplacement du gage ;
2° Restriction du privilège du bailleur ;
3° Subrogation de plein droit des privilèges mobiliers sur les indemnités dues par les compagnies d'assurances ;
4° Commercialisation des billets à ordre.

Mais la discussion fut ajournée et le projet renvoyé à la commission qui chargea alors la Société nationale d'Agriculture d'ouvrir une nouvelle enquête.

Les résultats de cette enquête furent favorables au projet de la commission du Sénat. M. Labiche, dans son rapport supplémentaire du 6 décembre 1887, demanda la réalisation des vœux formulés par la commission, sauf, toutefois, le gage sans déplacement. Mais le Sénat, en votant la loi, repoussait aussi, dans la séance du 6 mars, la commercialisation des billets à ordre. Il ne restait donc plus du projet primitif que la restriction du privilège du bailleur et la subrogation dans les indemnités dues par suite d'assurances. Aussi le Sénat substitua-t-il à l'ancienne rubrique de la loi le titre suivant : *Loi relative à la restriction du*

*privilège du bailleur et à l'attribution des indemnités
dues par suite d'assurances* [1].

La Chambre des Députés ratifia le vote du Sénat et
adopta la loi ainsi tronquée, dans les séances des 26 janvier et 5 février 1889. Elle fut promulguée le 19 février
de la même année.

Voici le texte de la loi concernant la restriction du
privilège :

« ARTICLE PREMIER. — Le privilège accordé au bailleur
d'un fonds rural par l'article 2102 du Code civil ne
peut être exercé, même quand le bail a acquis date
certaine, que pour les fermages des deux dernières
années échues, de l'année courante et d'une année, à
partir de l'expiration de l'année courante ainsi que
pour tout ce qui concerne l'exécution du bail et pour
les dommages-intérêts qui pourront lui être accordés
par les tribunaux.

« La disposition contenue dans le paragraphe pré-

---

[1] Le projet originaire de la Commission du Sénat avait pour
titre : « Loi sur l'organisation du Crédit agricole ».

« En présence d'un résultat si peu en proportion avec la conception première, a écrit M. Duvergier (collection des lois et décrets,
1889, p. 39), on ne peut s'empêcher de songer au vers d'Horace :

« Parturiunt montes, nascetur ridiculus mus. »

Cette boutade est injustifiée. Nous avons vu, en effet, que l'organisation du Crédit agricole n'est pas une œuvre simple, pouvant
être résolue par l'emploi d'un moyen unique. La restriction du
privilège qui était précisément un des moyens proposés, constituait déjà un résultat acquis. La suite des réformes ne s'est d'ailleurs pas fait attendre longtemps, puisqu'en 1894, on votait la loi
sur les Sociétés de Crédit agricole, et en 1898, la loi sur les Warants
agricoles.

cédent ne s'applique pas aux baux ayant acquis date certaine avant la promulgation de la présente loi[1]. »

Nous traiterons :

1° Des cas d'application de la loi ;

2° De l'étendue de la créance garantie sous la loi nouvelle ; du droit de relocation qui appartient aux créanciers ;

3° Des diverses indemnités qui peuvent, suivant les circonstances, être accordées au bailleur.

SECTION II. — **Cas d'application de la loi.**

1. — La restriction établie par la nouvelle loi ne frappe que le bailleur d'un fonds rural (art. 1er).

Cette disposition est conforme au projet primitif du

---

[1] Présentation au Sénat d'un projet sur l'organisation du Crédit agricole mobilier, par M. Léon Say, Ministre des Finances, et M. de Mahy, Ministre de l'Agriculture, le 20 juillet 1882 (*J. Of.* 6 août, ann. n° 407, p. 471). Rapport de M. Labiche, le 31 juillet 1883 (*J. Of.* 30 novembre, ann. n° 464, p. 997). 1re délibération : discussion les 20, 22, 29 et 30 novembre 1883 (*J. Of.* 21, 23, 30 novembre et 1er décembre). Rapport supplémentaire de M. Labiche. le 6 décembre 1887 (*J. Of.* 15 février 1888, ann. n° 63, p. 36). Suite de la discussion et adoption, les 12 décembre 1887, 16, 31 janvier 1888, 2, 3 et 10 février (*J. Of.* 13 décembre 1887, 17 janvier 1888, 1er, 3, 4 et 11 février). 2me délibération : discussion et adoption du projet, avec modification du titre de la loi, les 23, 25 février, 6 et 10 mars 1888 (*J. Of.* 24, 26 février, 7 et 11 mars). Présentation à la Chambre des Députés, 28 juin 1888 (*J. Of.* 16 août, ann. n° 2848, p. 871). Rapport de M. Maunoury, 17 novembre 1888 (*J. Of.* 31 mars 1889, ann. n° 3194, p. 547). 1re délibération : adoption sans discussion, le 26 janvier 1889 (*J. Of.* du 27). 2me délibération : adoption sans discussion, le 5 février 1889 (*J. Of.* du 6).

Gouvernement. La commission du Sénat, voulant généraliser la réforme, avait assimilé sur ce point le locateur d'un fonds urbain au locateur d'un fonds rural. Le Gouvernement repoussa cette modification qui, d'après lui, ne répondait pas au but de la loi : la restriction ne devait profiter qu'aux agriculteurs[1].

Par fonds rural, il faut entendre tout immeuble loué en vue de l'exploitation agricole. Ce n'est donc pas la situation de l'immeuble qu'on doit considérer, mais sa destination. Ainsi est fonds rural : le fonds qui produit des fruits, le bâtiment (ferme, grange, hangar) qui sert à les remiser, ou même encore le bâtiment habité par le fermier, pourvu qu'il soit une dépendance du domaine exploité. La restriction s'applique également à un fonds situé à la ville ou dans un faubourg, s'il sert à la culture : par exemple, un jardin loué à un horticulteur ou à un pépiniériste. Au contraire, la loi est inapplicable à une construction, quoique située à la campagne, si elle n'a pas une destination agricole, telle qu'une usine, un moulin, une maison de plaisance[2].

2. — Les objets grevés par le privilège sont les mêmes que ceux de l'article 2102, c'est-à-dire : les meubles garnissant la ferme, les fruits de la récolte de l'année et les ustensiles servant à l'exploitation de la ferme.

---

[1] V. *Suprà*, p. 68, note 1.
[2] *Lois nouvelles*, Escorbiac, 1890, 1re partie, p. 382 ; Baudry-Lacantinerie et de Loynes, *Privil. et Hypoth.*, I, n° 430 ; Guillouard, *Privil. et Hypoth.*, I, n° 329.

En vertu de l'article 2 de la loi qui nous occupe, le privilège porte, en outre, sur les indemnités attribuées en cas de sinistre par suite d'assurances[1] ; de telle sorte que, si le privilège est restreint quant aux fermages, il se trouve plus étendu quant aux objets qui lui sont affectés.

3. — La restriction profite à tous les créanciers du fermier.

M. Marcel Barthe avait proposé d'en réserver le bénéfice à ceux dont le prêt avait un caractère exclusivement agricole, notamment à ceux qui avaient avancé de l'argent au preneur pour se procurer les bestiaux, bêtes de trait, machines, ustensiles aratoires et autres objets propres à l'exploitation des terres et au développement de la production. Il demandait, en outre, que les prêts faits au fermier fussent des prêts à long terme.

La commission du Sénat repoussa cet amendement. D'abord l'emploi des sommes prêtées exigerait de la part des prêteurs un contrôle qui serait le plus souvent impossible. Ce serait d'ailleurs violer le principe de la liberté des conventions. D'un autre côté, les créanciers pour cause agricole ont, pour la plupart, un privilège qui leur permet de traiter en toute sécurité avec le fermier, puisque, si ce dernier tombe en déconfiture, ils seront colloqués avant le bailleur. Enfin, le prêt à long terme est tout à fait contraire au but poursuivi par la commission, qui, en assimi-

---

[1] Toulouse, 27 mai 1890, S., 1890.2.173.

lant autant que possible le fermier au commerçant, désire lui faciliter le crédit à court terme[1].

4. — La loi de 1889, pas plus que celle de 1872, ne distingue entre les baux authentiques ou à date certaine et les baux sans date certaine. Nous avons indiqué, en commentant la loi de 1872, les motifs de cette disposition. Le législateur a pensé qu'en restreignant le privilège pour l'avenir dans des limites plus étroites, les fraudes auxquelles auraient pu donner lieu les baux qui n'avaient pas date certaine, étaient moins à craindre.

5. — Aux termes du § 2, « la disposition contenue dans le paragraphe précédent ne s'applique pas aux baux ayant acquis date certaine avant la promulgation de la présente loi ».

Le législateur fait ici encore, comme dans la loi de 1872, exception au principe de la non-rétroactivité en ce qui concerne les baux n'ayant pas date certaine au moment de la promulgation de la loi, afin de déjouer les fraudes qui auraient été possibles, si on n'avait pas placé ces baux sous l'empire de la loi nouvelle. Les parties au bail n'auraient eu qu'à majorer le nombre des fermages échus au moment de la déconfiture du fermier pour frustrer ses créanciers chirographaires. Le bailleur aurait tout recueilli, quitte à faire bénéficier le preneur du produit de la collusion. La loi devait prévenir de pareils calculs. Elle l'a fait dans le § 2, à titre de disposition transitoire.

[1] *Lois nouvelles*, Escorbiac, 1890, I, pp. 326 et 327.

Section III. — Étendue de la créance garantie. — Droit de relocation.

1. — Le Code civil garantissait :

Au cas de bail authentique ou ayant date certaine :

1° Tous les fermages échus ;
2° Tous les fermages à échoir.

Au cas de bail sans date certaine au moment de la déconfiture du fermier :

1° Tous les fermages échus (au moins dans l'opinion qui avait prévalu en doctrine et en jurisprudence) ;

2° Et une année de fermages à échoir à partir de l'expiration de l'année courante.

Enfin, et dans tous les cas, le bailleur d'un fonds rural avait privilège pour les réparations locatives et pour l'exécution de toutes les autres obligations résultant du bail (art. 2102,1°, al. 1 et 3).

La restriction apportée par la loi nouvelle ne porte que sur les fermages. Que le bail ait ou non date certaine, le privilège ne garantit plus que les fermages des deux dernières années échues, de l'année courante et ceux de l'année qui suit celle qui est en cours.

En outre, reproduisant textuellement sur ce point la loi de 1872, la loi de 1889 maintient le privilège « pour tout ce qui concerne l'exécution du bail et pour tous dommages-intérêts qui pourront être accordés au bailleur par les tribunaux ».

Ce qui provoque l'exercice du privilège, c'est la déconfiture du fermier. La déconfiture est moins facile à constater que la faillite, puisqu'il n'y a pas de jugement pour la déclarer. Elle se caractérise surtout par la saisie. Le preneur sera donc en déconfiture lorsqu'on saisira ses meubles. C'est sur le prix de leur vente que le bailleur se fera colloquer à son rang pour le paiement de sa créance garantie.

Pour déterminer le montant de cette collocation, la loi de 1889 ne distingue pas si le bail est résilié ou non. La loi de 1872, en faisant cette distinction, s'est inspirée surtout de l'intérêt des créanciers, en faveur desquels elle a permis la continuation du bail, sous la seule condition de maintenir dans l'immeuble loué gage suffisant et d'exécuter les obligations résultant du contrat. Dans ce cas, le propriétaire ne peut même pas exiger par anticipation le paiement des loyers à échoir. Cet intérêt ne se rencontre pas ici. L'exploitation d'un fonds de commerce ne saurait être comparée à l'exploitation d'une ferme; d'autre part, la déconfiture ne comporte pas, comme la faillite, de concordat susceptible de concilier dans la mesure du possible les intérêts de la masse et ceux du failli. L'issue inévitable de la déconfiture est la vente des meubles et la mise en distribution du prix en provenant. Cet événement donnera presque toujours lieu, ainsi que nous le verrons, à une demande en résiliation.

De ces considérations, la loi de 1889 a tiré cette double conséquence :

1° Comme dans l'hypothèse où il y a vente et enlèvement des meubles en cas de faillite, elle limite l'étendue de la créance garantie à deux années échues, à l'année courante et à l'expiration de l'année courante ;

2° A la différence de la loi de 1872, les créanciers ne peuvent pas éviter le paiement des loyers à échoir en fournissant des garanties suffisantes.

Le calcul des années garanties doit s'opérer comme en cas de faillite. Par conséquent, les deux dernières années échues sont celles qui précèdent immédiatement l'année dans laquelle ont lieu la saisie et la vente des meubles affectés au privilège. Elles ont pour point de départ la date du bail.

Pour les années antérieures, le bailleur conserve sa créance, mais elle ne lui sera payée qu'au marc le franc, comme toute créance chirographaire.

Dans l'avenir, le bailleur n'est colloqué, par privilège, que pour les fermages de l'année en cours et pour ceux de l'année qui suit.

Au total, le privilège garantit donc quatre années de fermages.

La collocation pour une année à échoir appelle ici la même critique qu'en cas de faillite. Une fois payé des fermages arriérés, le bailleur résiliera ordinairement. Cette résiliation ne peut pas lui être refusée, puisque le fermier ne peut plus remplir ses engagements (art. 1741, 1766, C. civ.). Il sera largement dédommagé de sa renonciation aux fermages à échoir par l'intérêt qu'il aura à reprendre lui-même et immédiatement l'administration de son domaine, ou à la confier à un preneur de son choix. L'exploitation de ce domaine peut réclamer des soins urgents, que ne seraient capables de donner ni la masse des créanciers, ni le fermier d'occasion qu'elle se substituerait, en vertu de son droit de relocation, pendant cette année à échoir, et peut-être pendant moins de temps, si le prix de la vente des meubles n'était pas suffisant pour payer au bailleur le montant intégral des fermages à échoir. Le bailleur a donc tout avantage à provoquer la résiliation immédiate. Si elle est pour lui la source d'un préjudice, à cause des circonstances défavorables dans lesquelles elle se produit, il trouvera une autre compensation dans les dommages-intérêts que les tribunaux lui accorderont à raison de ce préjudice. Déjà sous le Code civil, le droit de relocation était rarement exercé. Le bailleur bornait ses exigences aux fermages arriérés, sans réclamer les fermages à échoir, à moins qu'il n'y fût contraint par ses propres créanciers. Il demandait alors la résiliation et choisissait un nouveau preneur [1]. Dans ces conditions, il eût été infiniment plus rationnel de prononcer de plein droit la résiliation du bail au moment de la déconfiture du fermier.

La créance du bailleur est une créance à terme rendue exigible par la déconfiture de son débiteur (art. 1188). Il pourra donc se présenter pour le paiement des fermages ultérieurs non privilégiés, mais en qualité de créancier chirographaire seulement. Il pourra même saisir d'autres meubles, d'autres récoltes du fermier et se payer sur leur prix.

Mais c'est là une hypothèse purement théorique.

[1] *Lois nouvelles*, Escorbiac, 1890, I, p. 884.

Car, en fait, le mobilier d'une ferme n'est pas généralement d'une valeur telle que son prix de vente
puisse à la fois désintéresser complètement le bailleur
et les autres créanciers privilégiés, et produire, en
outre, un reliquat suffisant pour le paiement des
créances chirographaires. Le bailleur, ainsi que nous
venons de le dire, aimera mieux résilier.

2. — S'il ne demande pas la résiliation, les créanciers ont le droit de relocation pour toute la période
de temps correspondant aux fermages payés par anticipation. En cas de faillite, le bailleur qui produit pour
les années postérieures non privilégiées est tenu de
laisser son immeuble entre les mains du sous-locataire
ou du cessionnaire de la masse jusqu'à l'expiration
du bail, alors même qu'il n'aurait touché qu'un simple dividende. C'est là un effet du concordat : tout
créancier concordataire est réputé avoir été intégralement payé [1]. En cas de déconfiture, il ne se produit
pas d'effet analogue. Les créanciers n'ont le droit de
relouer que pour une période proportionnelle au montant de la collocation chirographaire du bailleur sur
les fermages à échoir. Ils pourront donc exercer leur
droit de relocation : d'abord, pour l'année courante
et l'année qui la suit, si le bailleur s'en est tenu là ;
ensuite pour toute la période de fermages postérieurs
que le bailleur aurait touchés comme créancier chirographaire. Dans le premier cas, le droit de relocation
existe, même si le bail contient une clause prohibitive ;

[1] Lyon-Caen et Renault, *Précis de Droit commercial*, II, n°s 2912-
2913.

le bailleur est présumé renoncer au bénéfice de cette clause ; il ne peut pas avoir à la fois la jouissance et le prix. Dans le second cas, le droit de relocation ne peut s'exercer que si le bail est muet ou n'interdit pas la cession ou la sous-location ; la résiliation n'a pas été prononcée : le nouveau fermier doit respecter les engagements pris par son prédécesseur. Il doit, de plus, garnir de meubles les lieux loués, ne pas changer la destination des lieux et exécuter toutes les obligations du bail à leur échéance.

Les créanciers ne pourraient pas, d'ailleurs, comme en cas de faillite, s'opposer au paiement anticipé des fermages en offrant de maintenir ou d'apporter dans les lieux loués des garanties suffisantes.

En résumé, le bailleur, une fois payé de ses fermages arriérés et des diverses indemnités dont nous allons parler, peut, soit exiger le montant des fermages à échoir : les créanciers ont alors le droit de relocation ; soit demander la résiliation : il renonce alors à sa collocation privilégiée dans l'avenir et à sa créance chirographaire pour les fermages ultérieurs. Nous venons de voir qu'il choisira généralement ce dernier parti.

La demande en résiliation, de même que le droit de poursuite, ne sont pas assujettis, comme dans la loi de 1872, à l'observation d'un certain délai. D'une part, les créanciers n'ont pas à prendre parti sur le sort du bail pour voter un concordat. D'autre part, c'est la poursuite elle-même du bailleur, et non pas un jugement déclaratif, qui détermine la déconfiture du fermier. L'assignation d'un délai n'avait donc pas sa raison d'être.

Les créanciers du fermier n'ont pas non plus dé notification à faire au bailleur, puisque le sort du bail est subordonné à son droit d'option. Il n'eût pourtant pas été inutile d'introduire dans la loi de 1889 une mesure analogue. Supposons, par exemple, que le bailleur n'ait pas demandé immédiatement la résiliation du bail pour défaut de paiement des fermages échus non privilégiés ou des fermages futurs devenus exigibles : il n'est pas pour cela déchu du droit de la faire prononcer. Par suite, ceux qui occupent les lieux loués, sous-locataires ou cessionnaires, peuvent être obligés à tout instant de déguerpir. Une notification qui aurait eu pour effet de mettre le bailleur en demeure d'opter entre la résiliation ou la continuation du bail, aurait paré à cette éventualité.

Remarquons, du reste, que la nécessité d'une telle disposition disparaîtrait elle-même, si, comme nous l'avons proposé, la loi prononçait *ipso jure* la résiliation du bail au moment de la vente et de l'enlèvement des meubles. Du même coup disparaîtrait aussi le droit de relocation, qui offre plus d'inconvénients que d'avantages sérieux.

Section IV. — Privilège pour tout ce qui concerne l'exécution du bail et pour les dommages-intérêts.

La limitation du privilège n'atteint que la créance des fermages. Le privilège demeure entier pour tout ce qui peut être dû au bailleur à raison de « l'inexécution du bail[1] ». Cette expression, empruntée à l'ar-

---

[1] Poitiers, 18 décembre 1890, D , 1892.3.377; Toulouse, 27 mai 1890, D., 1893.2.54 ; Alger, 28 mars 1892, D., 1893.2.414.

ticle 2102 et à la loi de 1872, conserve le sens que nous lui avons donné en étudiant cette dernière loi. Cette disposition aurait pu, de même que dans la loi de 1872, être omise sans inconvénient. Elle n'est qu'un rappel du droit commun. Le but des deux lois était surtout de restreindre le nombre d'années de fermages et de loyers garantis. Le législateur aurait donc dû se borner à indiquer cette réduction et s'en référer, pour le surplus, aux dispositions non abrogées de l'article 2102, d'autant plus que cette expression a, dans les deux lois comme dans le Code civil, une signification identique.

Le privilège garantit enfin « tous dommages-intérêts qui pourront être alloués par les tribunaux ». C'est la reproduction textuelle du § 2 *in fine* de l'article 550 que nous avons commenté.

Comme dans la loi de 1872, ces termes ne sont pas exclusifs des dommages fixés par la convention ; quoique, à notre avis, ces dommages-intérêts doivent être plus logiquement compris parmi ceux que la loi accorde déjà pour inexécution du bail. Les dommages-intérêts dont il est question ici sont plus vraisemblablement ceux que le bailleur obtiendra des tribunaux pour cause de résiliation.

En effet, le fermier a été déjà colloqué pour le montant des fermages échus et des diverses créances qui résultent pour lui des avances qu'il a faites, des réparations locatives ou des fautes et négligences du preneur. S'il est payé des fermages à échoir, il n'a plus rien à réclamer, ne souffrant aucun préjudice. Les créanciers chirographaires useront du droit de relocation et le bailleur aura tout le temps nécessaire

10

pour trouver un nouveau fermier. Si, au contraire, il n'est pas intégralement payé des fermages à échoir, ou s'il y renonce, il n'a plus qu'une ressource : provoquer la résiliation. Elle ne peut lui être refusée, parce que, la ferme étant dégarnie de son matériel d'exploitation, le preneur, devenu insolvable, ne peut plus remplir ses engagements. Cette résiliation peut se produire à un moment très inopportun : les terres ont besoin d'engrais, de semences et autres opérations de culture urgentes ; le bailleur n'a pas tout de suite sous la main un fermier pour donner à la terre les soins nécessaires. S'il ne veut pas que l'exploitation reste en souffrance, et s'il ne peut pas exploiter lui-même, il est obligé d'employer des ouvriers qui lui reviendront fort cher. Il souffre alors un réel préjudice : c'est la créance résultant de ce préjudice que la loi protège. Elle sera déterminée par les tribunaux.

Quoi qu'il en soit, constatons une fois de plus l'inutilité de cette disposition. Une indemnité pour cause de résiliation prématurée et inopportune est déjà accordée au bailleur par les articles 1764 et 1766 du Code civil. D'autre part, en cas de résiliation, il y a inexécution du bail : or l'article 2102 garantit au bailleur une indemnité de ce chef. Pourquoi, dès lors, en faire l'objet d'une disposition nouvelle, et au surplus, assez obcure ? Le silence du législateur n'eût-il pas été préférable ? Les deux lois y auraient gagné en concision et en clarté.

TROISIÈME PARTIE

CRITIQUE DES LOIS DE 1872 ET DE 1889
MODIFICATIONS PROPOSÉES

———

Après avoir étudié les causes et l'utilité de la restriction du privilège, son principe en un mot ; après
avoir montré, dans le Commentaire des lois de 1872
et de 1889, l'application que le législateur en a faite,
il nous reste à présenter la brève critique de ces deux
lois, à examiner si elles ont produit les résultats qu'on
était en droit d'espérer, et enfin à voir s'il ne con—
viendrait pas d'y apporter quelques modifications.

CHAPITRE PREMIER

LOI DU 12 FÉVRIER 1872

Ainsi qu'on a pu s'en rendre compte, la loi de 1872 n'est pas un modèle de clarté ni de concision. C'est là son premier défaut. La réglementation en est obscure et fort embarrassée. Elle se perd dans une foule de détails et d'hypothèses plus ou moins compliquées. Son interprétation a donné lieu à trop de controverses. Nous ne citerons comme exemple que les difficultés qui se sont élevées à propos du calcul des délais pour la détermination des années garanties. La jurisprudence elle-même est très hésitante sur ce point. C'est un état fâcheux auquel il conviendrait de remédier.

D'autre part, ce qu'il y a de plus important dans la loi, c'est l'exception qu'elle introduit dans l'article 2102 du Code civil; c'est là ce qui aurait dû être placé au premier plan. Or les modifications ne portent en apparence que sur les articles 450 et 550 du Code de commerce.

En outre, les droits du propriétaire et ceux du failli et des créanciers de la masse sont réglés d'une manière assez confuse.

Enfin, la question de la résiliation des baux n'est pas tranchée avec toute la netteté désirable.

Telles sont les critiques générales que l'on peut adresser à la loi de 1872. Mais ce ne sont là que des critiques de forme qui n'auraient plus de raison d'être si la loi était simplifiée. Au fond, la loi a porté ses fruits. Nous n'en voulons donner comme preuve que le bon accueil unanime qui lui a été fait par les commerçants, voire même par les auteurs. Le vote de la loi a produit un visible soulagement. Mais peut-être ne faut-il attribuer cette satisfaction qu'au brusque changement de l'état de choses antérieur qui, on le sait, était loin d'être irréprochable. La loi est encore défectueuse au fond. On pourrait comparer cette situation à celle d'un blessé qui, pour échapper à la mort, est trop content de sacrifier un bras ou une jambe. Si, en effet, la loi de 1872, en faisant cesser les injustices criantes auxquelles donnait lieu l'interprétation de la jurisprudence, a procuré, sur le moment, une satisfaction suffisante aux exigences commerciales des faillites, il n'en est peut-être plus de même aujourd'hui. Aussi est-il opportun de rechercher si le législateur ne devrait pas remanier une seconde fois cette législation en vue d'assurer une plus grande protection à la masse des créanciers.

On peut se demander d'abord (c'est là le point principal) s'il ne serait pas équitable de renfermer le privilège du propriétaire dans des limites plus étroites que ne l'a fait la loi de 1872. La loi, en effet, est encore trop favorable au bailleur ; le privilège, même réduit à trois ou quatre années de loyers, est trop étendu. Il nuit au crédit du petit négociant ; les droits des créanciers sont insuffisamment protégés.

Les économistes ont remarqué depuis quelques

années le déclin du petit négoce, de la petite industrie. Évidemment, on ne pourrait voir là qu'un effet de la concurrence des grands magasins, des grandes usines et manufactures, qui peuvent vendre ou produire davantage et à meilleur marché ; mais ce n'est pas la seule cause de la crise que subit le petit commerce : il faut y ajouter aussi la méfiance qu'inspire aux vendeurs de marchandises le privilège du propriétaire.

Ce n'est pas une supposition gratuite. Ce qui est le plus à redouter dans une faillite, avons-nous dit, est la clôture pour insuffisance d'actif. Or ce mode de clôture devient de plus en plus fréquent [1]. Et sur quelles professions sévit-il de préférence ? Sur les professions que la statistique classe sous les rubriques d'industries de l'alimentation ou de la toilette, c'est-à-dire sur les petits commerçants, les marchands de vin, les épiciers, les merciers, qui ont déjà fort peu d'avances au moment de s'établir [2].

Nous connaissons la cause de ces clôtures pour insuffisance d'actif. Le privilège absorbe l'unique actif de la faillite, c'est-à-dire le prix des marchandises qui sont en magasin [3]. Il suffit pour cela que le bail-

---

[1] La statistique des faillites de 1893 nous montre que, sur 8.163 faillites ou liquidations judiciaires terminées dans l'année, 3,816 se sont closes pour insuffisance d'actif, soit une proportion de 55 %. Compte général de l'Administration de la justice civile et commerciale présenté au Président de la République par le Ministre de la Justice, 1896.

[2] *Les Faillites en 1893,* compte rendu de justice civile et commerciale. 1896. p. 102.

[3] L'actif total des 8,163 faillites ou liquidations judiciaires terminées dans l'année 1893 se montait à 158 millions environ (compte rendu de la justice civile et commerciale présenté en 1896, *Les Fail-*

leur soit créancier de deux années de loyers arriérés, au moment de la faillite. Il fera vendre ces marchandises, il aura le droit de se faire colloquer en outre pour l'année à échoir. L'actif étant ainsi absorbé, la faillite se clot, parce qu'il n'y a plus de quoi colloquer les créanciers, ni même payer les frais de procédure.

Une autre considération nous pousse à réclamer une nouvelle restriction du privilège. Nous la déduisons d'une espèce assez curieuse de jurisprudence appelée à se présenter souvent [1]. Nous allons voir, en effet, que dans certains cas, le bailleur est mieux traité dans la faillite de son débiteur que dans sa déconfiture : dans la faillite, son privilège est appelé à s'exercer sur des valeurs qui, en cas de déconfiture, auraient échappé à son action; si bien que la loi commerciale fait au bailleur une situation meilleure que celle qu'il aurait eue en droit commun.

En principe, le privilège du bailleur s'applique à tous les objets qui garnissent les lieux loués, sans distinguer si le locataire est encore ou non débiteur du prix. En un mot, le privilège du bailleur prime celui du vendeur de meubles [2]. C'est la conséquence de la maxime qu' « en fait de meubles possession vaut titre ». La loi assimile le bailleur à un créancier

---

lites en 1893, pp. 102-103). Cela donne comme actif moyen d'une faillite en France un chiffre inférieur à 20,000 francs. Beaucoup sont loin de l'atteindre. Dans ces conditions, que doit il rester aux autres créanciers, lorsque le bailleur a prélevé deux ou trois années de loyers !

[1] Ch. des Requêtes, 18 février 1895, S., 1895.1.209, et note de Lyon-Caen.

[2] Dijon, 10 mai 1893, D., 1893.2.479.

gagiste ; il est censé posséder lui-même les meubles affectés à la garantie des loyers. Mais cela suppose qu'il est de bonne foi. S'il sait pertinemment que son locataire n'a pas soldé le prix de ses meubles, il ne doit plus bénéficier de l'article 2279, et le vendeur lui est préféré sur ce prix [1]. Telle est la solution du droit civil.

Il n'en est plus de même en droit commercial. Si le bailleur est de bonne foi, s'il ignore la dette de son locataire, il exercera son privilège comme en droit civil. Mais il est de mauvaise foi : le vendeur lui a notifié sa créance du prix des meubles. La loi des faillites refuse le privilège au vendeur de meubles (550 *in fine* C. com.). Elle veut que la valeur de ces meubles entre en masse et que les créanciers se la répartissent au marc le franc. Tous les créanciers vont en profiter, et non pas le vendeur seul. Il semble donc rationnel que cette valeur échappe au privilège du bailleur, comme elle y échapperait, d'ailleurs, en droit civil.

Or il n'en est pas ainsi. Cette valeur revient tout entière au bailleur, qu'il soit ou non de bonne foi. C'est à lui et non à la masse que profite la suppression du privilège du vendeur d'effets mobiliers. Il exerce son privilège dans tous les cas.

Ces diverses considérations, jointes à celles que nous avons développées dans notre première partie (elles conservent ici tout leur poids), suffiront à démontrer combien le privilège du bailleur est encore excessif. La restriction apportée par la loi de 1872 est

[1] Langres, 21 juin 1893, D., 1095.2.17, et note de M. de Loynes.

insuffisante. Il conviendrait d'opérer cette restriction dans un sens plus favorable à la masse.

Cette proposition soulève une objection.

Si vous limitez le privilège plus que ne l'a fait la loi de 1872, le bailleur trouvera d'autres moyens de se couvrir. Ne pouvant rétablir par convention la sûreté que lui confère la loi, il exigera d'avance le paiement des loyers ; ou bien il demandera une caution à la signature du bail. Il en résultera que, faute de pouvoir fournir la garantie demandée ou d'avoir de l'argent d'avance, le commerçant ne pourra pas s'établir. Le bailleur deviendra plus exigeant dans le paiement des loyers ; il n'attendra pas, il exécutera son locataire, sitôt l'arriéré garanti échu. Le commerce ne gagnera donc rien à cette nouvelle restriction.

Cette objection repose sur une idée fausse. Elle suppose que les propriétaires trouvent plus de preneurs qu'ils n'en veulent. Mais les bailleurs, comme tous ceux qui font un marché, sont soumis à la loi de l'offre et de la demande. S'ils se montrent trop exigeants, on s'adresse ailleurs. Il est de leur intérêt d'être accommodants. Aussi aimeront-ils mieux louer leur magasin à un négociant sur ses chances de bonnes affaires, que de voir chômer leur immeuble. Ils accorderont même des délais, si leur débiteur paraît devoir revenir à meilleure fortune, car, en l'exécutant, ils auront l'embarras de chercher un autre locataire.

Une nouvelle limitation du privilège n'empêcherait donc pas les magasins de se louer, ni les bailleurs de donner des délais au besoin. En admettant même que les propriétaires, pour protester, se liguent et préfèrent laisser chômer leurs immeubles, il s'en trouverait toujours quelques-uns qui n'adhéreraient pas à cette façon de procéder. L'idée d'une pareille grève ne supporte donc pas un examen sérieux.

Nous ne demandons pas, d'ailleurs, l'entier sacrifice des droits du propriétaire, la suppression de son privilège. Nous proposerons simplement :

1° De limiter le privilège à une année de loyers échus et à l'année courante ;

2° De refuser tout privilège pour les loyers à venir, même pour une seule année : pour ces années-là, le propriétaire viendrait comme simple créancier de la faillite ; ce qui, au cas de vente des meubles et de non-entretien du bail, le conduirait à faire résilier le bail, non pas à une année de date, mais immédiatement ; à moins, ce qui serait préférable, que la loi ne prononçât elle-même cette résiliation de plein droit.

Nous allons faire une application de ces idées en parcourant les principales dispositions de la loi de 1872. Il y a, en effet, d'autres modifications de détail à lui faire subir. Mais la loi doit être maintenue dans son principe, et le système consistant à favoriser la continuation du bail au profit de la masse est digne d'être conservé.

I. — *Notification des syndics et obligation pour le bailleur de surseoir à toutes poursuites.*

« Les syndics auront, dit l'article 550,... huit jours à partir de l'expiration du délai accordé par l'article 492 C. com. aux créanciers domiciliés en France,

pour la vérification de leurs créances, pendant lesquels ils pourront notifier au propriétaire leur intention
de continuer le bail.... »

Ce délai de huit jours a été, à juste titre, trouvé
insuffisant par les praticiens[1]. Jamais, en effet, dans
ce délai, les syndics ne peuvent prendre sûrement
parti sur la continuation du bail. Ce n'est pas dans
un espace de temps aussi bref qu'ils peuvent se rendre
compte des ressources de la faillite. De plus, faute de
notifier dans les huit jours, la loi autorise le propriétaire, aussitôt le délai expiré, à poursuivre la résiliation du bail et à procéder à des voies d'exécution. De
sorte qu'un failli, qui a toutes les raisons possibles
d'espérer un concordat honorable, peut voir, en quelques jours et avant ce concordat, ses marchandises
et son mobilier saisis, vendus, à la requête d'un propriétaire impitoyable et pressé. Il serait donc équitable de proroger le délai de notification jusqu'au vote
et à l'homologation du concordat.

Mais comme il ne faut pas cependant que les intérêts du propriétaire soient compromis, on stipulerait
que, tous droits réservés pour les loyers arriérés et
les causes de résiliation pouvant exister lors de la
déclaration de faillite, les syndics devraient payer
comptant, par fractions échelonnées de quinzaine en
quinzaine, par exemple, les loyers courant du jugement déclaratif à la notification à faire après l'homologation du concordat. Et ainsi seraient sauvegardés
les intérêts du propriétaire et ceux du débiteur et des
créanciers.

---

[1] Drouaux, cité par Coulon, *Liquidation judiciaire, Lois nouvelles*, 1890, 1re partie, p. 672.

II. — *Étendue du privilège.*

A. — LE BAIL EST RÉSILIÉ.

La loi accorde le privilège pour les deux dernières années échues avant le jugement déclaratif, pour l'année courante et pour tout ce qui concerne l'exécution du bail et les dommages-intérêts qui pourront être alloués par les tribunaux.

Nous proposons :

1° De le réduire à une année échue et à l'année courante ;

2° De supprimer la disposition relative aux indemnités : ces indemnités sont déjà accordées par le droit commun.

B. — LE BAIL N'EST PAS RÉSILIÉ.

1. — *Entretien du bail.* — Nous maintenons les conditions imposées aux syndics pour la continuation du bail, c'est-à-dire : paiement des loyers échus et obligation de tenir les lieux suffisamment garnis de meubles.

Mais la loi devra s'expliquer plus nettement sur ce qu'elle entend par « paiement de tous les loyers échus ». En interprétant cette expression, nous avons reconnu que la loi n'exigeait le paiement que de deux années échues, comme en cas de résiliation. Nous proposons une année.

2. — *Vente des meubles.* — Dans ce cas, le privilège porte :

1° Sur les deux dernières années échues ;

2° Sur l'année courante ;

3° Sur une année à échoir ;

4° Et sur le montant des indemnités qui seraient attribuées au bailleur.

Nous désirons :

1° Qu'il soit réduit à une année échue et à l'année courante, par conséquent qu'il ne s'exerce plus sur l'année à échoir ;

2° Que le calcul du délai soit clairement établi : nous avons vu que l'année courante ne pouvait être que celle précédant la vente des meubles. Néanmoins, il serait bon de le dire ;

3° Que le législateur s'en tienne au droit commun pour les indemnités, comme au cas où le bail est résilié ;

4° Que la loi prononce *ipso jure* la résiliation du bail au jour de la vente des meubles.

Nous avons montré l'anomalie et les inconvénients qu'il y avait à colloquer le bailleur pour l'année à échoir. Cette collocation, en effet, équivaut à dire que le propriétaire reprendra possession de son immeuble à un an de date. S'il laissait le bail se continuer, il ne pourrait produire, pour les années ultérieures, qu'en qualité de créancier chirographaire. Il aimera mieux résilier au bout d'un an. Pendant cette année, les créanciers ont le droit de relocation : c'est pour eux un embarras bien plus qu'une faveur ou un dédommagement. En supprimant la collocation pour l'année à échoir, disparaîtraient à la fois et l'anomalie et le droit de relocation.

Mais comme la reprise immédiate de l'immeuble pourrait faire tort au bailleur en lui infligeant un plois sera ouvert à la mairie et mis gratuitement à la disposition du public.

Dans toutes les communes ayant plus de 30,000 habitants, la Mairie sera tenue d'établir un bureau de placement gratuit.

Article 5. — Sont exemptées du droit de timbre les affiches, imprimées ou non, concernant exclusivement les offres et demandes de travail et d'emplois et opposées, soit par les bureaux de placement gratuits, soit par les intéressés.

Article 6. — Tout gérant ou employé d'un bureau de placement, qui aura perçu une rétribution quelconque, à l'occasion du placement d'un ouvrier ou employé, sera puni des peines prévues à l'article 14 ci-dessous.

TITRE II

Bureaux de placement payants

Article 7. — Nul ne pourra tenir un bureau de placement payant, sous quelque titre et pour quelques professions que ce soit, sans une autorisation spéciale délivrée par l'autorité municipale. Elle sera accordée à toute personne majeure, de l'un ou de l'autre sexe, d'une moralité reconnue. Les femmes devront jouir de leurs droits civils, les hommes de leurs droits civils et politiques.

Les possesseurs actuels des bureaux de placement ont un délai de trois mois pour demander ladite autorisation.

Article 8. — L'autorité municipale surveille les bureaux de placement, afin d'y assurer le maintien de l'ordre, les prescriptions de l'hygiène et la loyauté de la gestion. Elle prend les arrêtés nécessaires à cet effet et règle le tarif des droits qui pourront y être perçus.

Elle est tenue de communiquer au Conseil municipal un rapport annuel sur le fonctionnement de ses bureaux de placement.

Ce rapport sera envoyé à l'*Office du travail*.

Article 9. — Aucun hôtelier, logeur, restaurateur ou débitant de boissons, ne peut joindre à son établissement la tenue d'un bureau de placement.

Article 10. — La perception d'un droit d'inscription préalable est interdite. Le versement d'une avance, dont le maximum est fixé par l'autorité municipale, peut-être fait, à titre de dépôt remboursable en cas de non-placement.

Les droits de placement sont fixés par profession et acquittés moitié par le patron et moitié par la personne placée.

Les agences de placement par publicité sont interdites.

Article 11. — Les droits de placement ne sont dus qu'après un placement réellement effectué et qui aura duré, pour chaque profession et suivant l'usage local dicierait d'abord aux droits du propriétaire, puis aux intérêts du fermier.

Les droits du propriétaire ne seraient nullement atteints, puisque la valeur de son gage est de beaucoup inférieure à sa garantie. Si la loi avait été logique, avons-nous dit, elle aurait dû exiger du fermier des apports au moins équivalents à la sûreté du bailleur. Nous avons montré pourquoi elle n'a pas marqué cette exigence : elle aurait rendu le fermage impraticable. Elle s'est contentée d'un mobilier représentant une annuité de bail. C'est la valeur normale du mobilier d'une ferme. Mais si elle n'a pas voulu que la valeur du gage fût aussi forte que la garantie, au moins aurait-elle dû renfermer cette garantie dans la mesure où elle pouvait être efficace, c'est-à-dire ne l'accorder que pour une année de fermage, pour deux années au plus. En un mot, elle aurait dû établir une relation plus directe et plus rationnelle entre les articles 1766 et 2102 du Code civil, entre le gage et la créance qu'il est destiné à couvrir. La comparaison de ces deux articles présente donc une anomalie : cette anomalie disparaîtrait si, comme nous le proposerons tout à l'heure, le privilège était limité à une année échue et à l'année courante.

Mais ne craignez-vous pas que le propriétaire ne se montre plus difficile dans le choix d'un fermier, ou n'exécute ce dernier dès qu'il sera en retard d'une seule année de fermage, de telle sorte que la restriction se retournera contre celui que vous voulez protéger ? C'est ce qu'on objecte en second lieu.

Nous avons déjà rencontré cette objection en critiquant la loi de 1872. Nous y ferons la même réponse. Cette objection suppose que le bailleur se trouve en présence d'un grand nombre de fermiers entre lesquels il n'a que l'embarras du choix. Or, il n'en est pas ainsi. Le bailleur d'un fonds rural, comme le bailleur d'un magasin, d'une maison, est soumis à la même loi. Il aimera mieux consentir à une diminution de garantie, dût-il même accorder des délais, plutôt que de voir sa ferme abandonnée et sa terre sans culture. Tous les propriétaires ne peuvent pas, en effet, donner eux-mêmes à la terre. les soins nécessaires, ni prendre en main la direction de leur domaine. Par la force des choses, le fermage existera donc toujours.

Si nous ajoutons à ces considérations celles que nous avons présentées au début de notre thèse en étudiant la restriction dans son principe, nous ne voyons donc aucun inconvénient à ce que le privilège soit réduit, comme en cas de faillite :

1° A une année échue ;

2° A l'année courante.

Pas de privilège pour l'année à échoir. Cette suppression aurait pour conséquence d'emporter de plein droit résiliation du bail. Par suite, plus de droit de relocation : ce n'est pas le métier des capitalistes d'affermer des terres. Pour les autres années échues et non payées, créance chirographaire. En un mot, nous appliquerions ici toutes les règles que nous avons proposées au cas où le bail serait résilié par suite de la vente des meubles, en cas de faillite.

Inutile, enfin, de parler des diverses indemnités à allouer au bailleur : sur ce point, renvoi au droit commun.

11

Tels sont nos *desiderata*. La loi de 1889 est encore
trop récente pour pouvoir en apprécier, dès à présent, les résultats pratiques. Nous pensons néanmoins qu'elle gagnerait beaucoup à être amendée
dans le sens que nous venons d'indiquer. C'est pourquoi, avant que l'expérience n'en ait fait ressortir le
principal défaut (la restriction n'est pas assez efficace,
le quantum garanti est trop élevé), conviendrait-il
peut-être de prévenir la critique en remaniant la loi
au plus vite. On ne s'y prend jamais trop tôt quand
il s'agit d'opérer une réforme utile[1].

---

[1] Depuis 1889, une tentative s'est déjà fait jour. D'après la loi de
1889, la restriction ne s'applique qu'à la créance privilégiée. Une
proposition de loi déposée par M. Castelin, en 1892 (*Off.*, Chambre,
ann. n° 2346), l'étend aux objets affectés à la garantie de cette
créance. Voici le texte de la loi proposée :

« Art. 1er. — Le cultivateur d'un bien fermier pourra donner pri-
« vilège à tout prêteur pour achat de bétail et d'animaux de cul-
« ture, de semences, de fumier et engrais, de machines, ustensiles
« et instruments agricoles, soit pour travaux de culture, de défri-
« chement, boisement, endiguement, drainage, irrigation et d'ou-
« verture ou d'amélioration de chemins d'exploitation :

« Sur le tiers des fruits de la récolte de l'année ;
« Sur le tiers du prix de tout ce qui garnit la maison louée ou
« la ferme ;
« Sur le tiers du prix du matériel d'exploitation.

« Art. 2. — Le privilège accordé au bailleur d'un fonds rural par
« l'art. 2102 du Code civil ne portera que sur les deux tiers des
« fruits de la récolte de l'année et sur les deux tiers du prix de tout
« ce qui garnira la maison louée ou la ferme. »

Comme on le voit, cette loi aurait pour but de permettre au fermier de mettre en réserve une certaine quotité de son avoir, de
soustraire, en un mot, cette quotité au privilège du bailleur, afin
qu'il puisse la donner en gage à ses prêteurs.

M. Castelin, à l'appui de sa proposition, invoque, entre autres, les raisons suivantes :

Le privilège du bailleur grève tout l'actif du fermier. Le privilège accordé par l'art. 2102,1°,4, aux fournisseurs d'ustensiles et de semences permet bien à ce fermier de se procurer à crédit les objets nécessaires à l'exploitation, mais, dit M. Castelin, « les créanciers « hypothécaires bénéficient seuls, aux termes de l'art 2133 du C. « civ., de l'immobilisation des meubles dont il s'agit, au préjudice « des constructeurs vendeurs qui sont dans l'impossibilité d'exer- « cer le privilège établi par le paragraphe 4 de l'art. 2102 ». Il en résulte que tout l'avoir du fermier sert à couvrir la créance du propriétaire. Or, cette créance, qui est de *trois* années, représente quatre fois sa valeur si la culture est en blé et six fois sa valeur s'il s'agit de la culture de betterave. En mobilisant le tiers de ce gage, le fermier pourrait acheter les diverses fournitures énoncées en l'art. 1er et réaliser ainsi toutes les améliorations utiles.

Cette proposition nous paraît avoir été élaborée trop à la hâte.

Elle renferme plusieurs inexactitudes juridiques.

D'abord comment peut-on concevoir la mobilisation d'une chose qui est déjà meuble par elle-même ? Tout le patrimoine du fermier ne se compose que d'objets mobiliers. Les récoltes pendantes sont meubles à l'égard du fermier, parce que les parties, dans le contrat de bail, envisagent ces récoltes séparément du fonds qui les produit (Baudry-Lacantinerie, *Précis de Droit civil*, 5me édition, n° 1216). On ne peut pas dire, d'autre part, que les animaux de culture, les instruments agricoles, en un mot, tout ce qui garnit la ferme, soient immeubles par destination, puisqu'ils n'ont pas été attachés au fonds par le propriétaire lui-même (art. 524, al. 1. C. civ.). Enfin pourquoi la loi rangerait-elle le privilège du bailleur parmi les « privilèges portant sur certains meubles » ?

— L'actif du fermier échappe donc aux créances hypothécaires. C'est à tort qu'on invoque l'art. 2133. Nous avons donné, dans le cours de notre étude, les véritables motifs qui rendent inefficace le privilège de l'art. 2102,4.

L'exposé des motifs contient une seconde inexactitude quand il dit que la loi de 1889 a réduit la créance privilégiée à trois années de fermages. Cette erreur, moins grave que la première au point de vue des principes, a pour effet de vicier tous les calculs de l'auteur dans la comparaison qu'il établit entre la valeur de la créance et celle du gage qui en garantit le paiement.

Ces inexactitudes, il est vrai, laissent entier le point de départ de la proposition, à savoir que le gage du propriétaire est trop étendu. Mais (c'est là le vice capital), comment cette mobilisation du tiers de l'actif s'opérera-t-elle ? Comment le prêteur se fera-t-il attribuer cette quotité ? Comment la déterminera-t-on ?

Ce sont là des difficultés que la proposition ne résout pas et qui sont bien difficiles à trancher.

C'est pourquoi, nous semble-t-il, mieux vaut encore, si l'on veut remanier la loi de 1889, faire porter la restriction sur la créance des fermages que sur les objets qui lui servent de gage.

CONCLUSION

Les lois de 1872 et de 1889 sont des dérogations au
droit commun, en ce sens qu'elles restreignent la garantie du bailleur soit commercial, soit rural. L'intérêt
du commerce, de l'industrie et de l'agriculture ont
motivé cette restriction. Mais ces dérogations ne portent que sur l'étendue du privilège : celui-ci continue
à s'appliquer aux objets qu'il frappe en droit commun[1].
Notamment en ce qui concerne les baux ruraux,
l'article 2102, 1°, n'est réformé que sur un seul point,
sur le montant des fermages garantis. Il conserve sa
force pour le surplus : « Quand notre loi ne déroge pas
au droit commun, a dit M. Labiche dans la séance
du 2 février 1888, elle s'y réfère implicitement. » Le
privilège a donc le même fondement, il s'étend aux
mêmes objets, il conserve le même rang. Enfin, le bailleur peut employer les mêmes moyens pour le mettre
en action : la saisie ordinaire, la saisie-gagerie et la
saisie-revendication. — En somme, les exceptions
constituées par nos deux lois ne sont pas une si grave
atteinte à l'harmonie de notre législation que d'aucuns
l'ont prétendu. Ce défaut (s'il existe vraiment)

---

[1] La loi de 1889, dans son art. 2, al. 1, fait bien porter le privilège sur les indemnités dues par suite d'assurances, mais ce n'est
pas une disposition spéciale au bailleur d'un fonds rural, puisqu'elle s'étend à tous les créanciers privilégiés ou hypothécaires.

s'efface devant l'utilité de la réforme. Il serait, en tout cas, singulièrement atténué si on étendait purement et simplement au fermier la modification que nous avons proposée lorsque le bail est résilié par suite de la vente des meubles, si on assimilait, en un mot, le cas du fermier en déconfiture au cas du failli commerçant dont les marchandises sont saisies et vendues. Mais veut-on rétablir l'harmonie parfaite? Qu'on fasse bénéficier de la restriction tous les locataires sans distinction. Ce serait un moyen radical qui trouverait peut-être sa justification.

Vu :

Le Président de la Thèse,
Grenoble, le 1er mai 1899,
CAPITANT.

Vu :

Le Doyen de la Faculté de Droit,
Grenoble, le 2 mai 1899,
C. TARTARI.

Vu et permis d'imprimer :
Le Recteur,
Président du Conseil de l'Université,
Grenoble, le 2 mai 1899,
E. BOIRAC.

TABLE DES MATIÈRES

TROISIÈME PARTIE

CRITIQUE DES LOIS DE 1872 ET DE 1889
MODIFICATIONS PROPOSÉES.

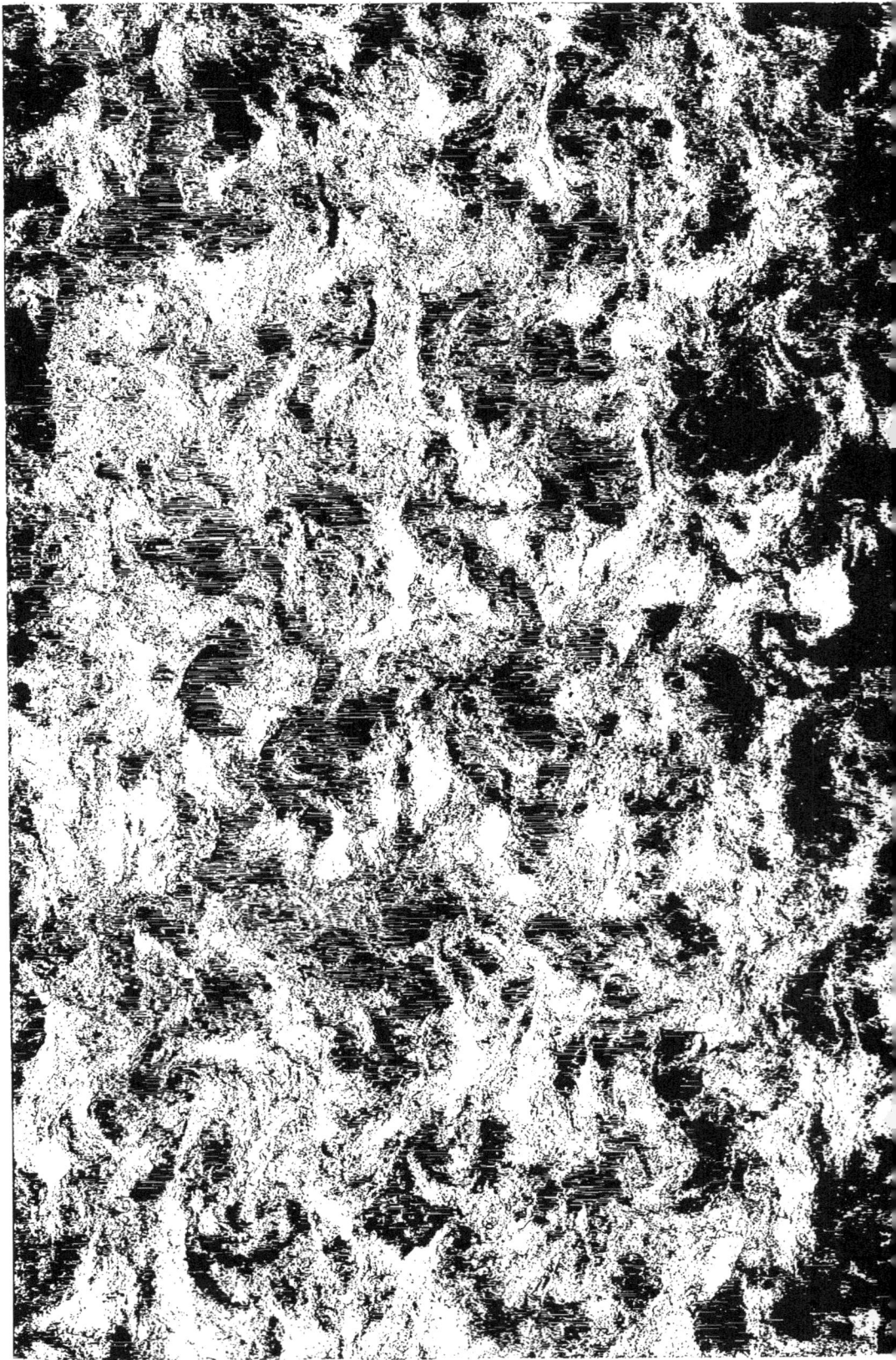

www.ingramcontent.com/pod-product-compliance
Lightning Source LLC
Chambersburg PA
CBHW060601210326
41519CB00014B/3539